ENSEÑAR CON ZOOM

UNA GUÍA PARA PRINCIPIANTES

KEITH FOLSE

WAYZGOOSE PRESS

ENSEÑAR CON ZOOM: UNA GUIA PARA PRINCIPIANTES

KEITH FOLSE

CONTENIDO

PRÓLOGO

DE PROFESOR A PROFESOR

Como miles de otros profesores a principios del año 2020, repentinamente, tuve que trasladar mi clase a una reunión en línea sincrónica (en vivo) sin mucho tiempo o apoyo para hacerlo. Soy profesor, de modo que me las arreglé. En mi caso, esto significó tratar de descubrir cómo realizar todas mis interacciones regulares en clase, cómo explicar material nuevo, responder las preguntas de los estudiantes y hacer que trabajen en parejas o grupos pequeños en esta nueva configuración en línea empleando Zoom.

Necesitaba saber cómo utilizar Zoom muy bien y muy rápido, así que hice lo que cualquiera haría hoy en día: busqué en Google "Zoom" para obtener información esencial. Logré encontrar información e incluso videos de capacitación sobre dicha plataforma en Internet, pero conseguí muy poco sobre profesores y aulas de clase. Zoom fue originalmente diseñado para los negocios, no para la educación. No es de extrañar que me llamara muy poco la atención como docente. (Novedad: hoy en día, hay muchas más explicaciones centradas hacia los profesores, la mayoría de las cuales se realizaron en marzo y abril de 2020).

Me inscribí para muchas presentaciones en línea sobre Zoom. Recuerdo un seminario web de capacitación sobre dicha plataforma que decía "Aquí es cómo usted puede crear una sala de reuniones con diferentes opciones", pero espere...

¿Qué es una "sala de reuniones" y por qué yo como profesor querría esas opciones? Me pareció que la mayoría de estas presentaciones suponían que sabía ciertas cosas sobre Zoom, que definitivamente no era el caso.

No quería sólo las instrucciones genéricas de "cómo hacer" algo; por el contrario, quería saber detalladamente acerca de las cosas que los profesores necesitan. En realidad, quería escuchar esta información de un docente real contando una experiencia real en el aula con estudiantes reales.

Soy bastante bueno con las computadoras, pero no soy un experto en informática. La información que proporciono aquí proviene de mi voz como profesor tratando de ayudar a otros colegas. La única suposición que hago sobre los lectores aquí es que eres un profesor, cuentas con una computadora y por lo menos, conocimientos básicos de informática, y que sabes buscar un sitio web de ser necesario.

En realidad, el tiempo de uso de Zoom (y otros medios tecnológicos) en tus propias clases depende de quién seas como profesor, qué enseñas, a quién enseñas y por qué quieres usar Zoom. Estas son muchas variables. Para entender cómo he organizado este libro, debes saber algo sobre mi experiencia docente, lo que sin duda impacta cómo uso Zoom en mis propias clases hoy.

Originalmente, mi certificación Mención Artes del Lenguaje Inglés era para los niveles secundarios (grados 7-12), pero ahora soy profesor en una universidad muy grande de los EE. UU., donde he dictado cursos de pregrado, posgrado y doctorado durante muchos años. De igual forma, he enseñado a niños desde 2° grado y adultos hasta los 70 años. En todos mis años de enseñanza, he enseñado principalmente inglés como segundo idioma (ESL) o francés y español, y ahora entreno a futuros profesores de idiomas.

Probablemente como tú, la gran parte de mi enseñanza ha sido en clases presenciales tradicionales, pero durante los últimos 15 años, he realizado más y más clases asincrónicas en mi universidad, lo que significa cursos completamente en línea con tareas que deben ser entregadas semanalmente dentro de los módulos. Todavía dicto cursos regulares presenciales, pero incluso mis clases actuales de Zoom tienen una gran cantidad de trabajo asincrónico antes de la clase para que podamos pasar el tiempo haciendo, practicando y aplicando (que es lo que llamamos un "aula invertida").

Con la llegada de COVID-19, mi escuela, junto con cientos de otras, cerró repentinamente y todas las clases se trasladaron a Internet. Algunos profesores optaron por tener solo cursos asincrónicos, y ciertamente podría haber hecho lo mismo fácilmente. Sin embargo, yo ya tenía una muy buena relación personal con muchos de mis alumnos este trimestre y no quería mover las semanas restantes de instrucción a la instrucción sin rostro y a menudo impersonal que a veces se encuentra en los módulos asincrónicos. Como ya había trabajado un poco con Zoom, ya que mi universidad de repente agregó dicha plataforma a los elementos gratuitos de nuestro sistema de gestión de cursos (Canvas), opté por utilizar Zoom.

No soy una persona de tecnología. No conozco todos los trucos de Zoom, pero soy un profesor que tuvo que descubrir cómo usarlo de manera efectiva en mis clases. No digo que tenga la mejor forma de usar todas las funciones de la plataforma, pero te contaré algunos de los procedimientos que he encontrado fáciles de implementar y he usado en mis propias clases. Si eres como yo, no querrás pasar mucho tiempo, ya muy limitado aprendiendo un nuevo programa a menos que parezca que valga la pena. También debería mencionar aquí que me doy cuenta de que Zoom, como la gran parte de los medios tecnológicos, continuará cambiando, y parte de la información en este libro puede diferir de tu versión de Zoom en el plan que tienes.

Dictar una clase con Zoom puede ser una gran experiencia si puedes dominar algunas de sus características prácticas. Con este fin, he escrito este libro para ayudar a mis compañeros profesores que también están tratando de descubrir cómo dar bien sus clases con Zoom. ¡Buena suerte a todos!

¿CÓMO ESTÁ ORGANIZADO ESTE LIBRO?

LA ORGANIZACIÓN del material en este libro es bastante simple. Un prólogo explica los fundamentos que llevaron a escribirlo y cómo puede ser beneficioso para tus clases.

El material se divide en nueve partes que abordan la información más importante para los profesores. Hay información sobre qué hacer antes de enseñar con Zoom, cuando se enseña con Zoom y después de enseñar. También se abordan los problemas de evaluación, seguridad y privacidad. Una de las partes más interesantes e importantes es la parte 7, que incluye docenas de comentarios de estudiantes, padres y profesores con experiencia en Zoom. Además, hay secciones para solucionar problemas comunes y obtener ayuda adicional de todo tipo de fuentes.

La mayoría de las partes consiste en preguntas y respuestas sobre la enseñanza con Zoom. Los profesores podrán relacionarse con cada una de las 46 preguntas casi de inmediato. Las respuestas están escritas en un lenguaje amigable para el profesor y varían de unas pocas oraciones a unos pocos párrafos. Para aclarar las respuestas, se han incluido muchas capturas de pantalla.

El único objetivo de este libro es ayudar a los profesores a preparar y entregar una mejor instrucción en línea usando Zoom. Al leer este libro, espero que comprendas mejor el uso de Zoom para tus clases.

Keith Folse

Orlando, Florida, USA

PARTE 1

INTRODUCCIÓN A ZOOM PARA PROFESORES

1.1: ¿QUÉ ES ZOOM EXACTAMENTE?

ZOOM ES un software de video conferencia que te permite llevar a cabo una reunión en vivo a estudiantes que estén ubicados en diferentes lugares.

Aunque hoy Zoom esté siendo empleado para las clases, creo que es importante recordar que el mismo fue originalmente diseñado para los negocios—y muchos de ellos lo emplean hoy. Por ende, no debería sorprendernos que la mayor parte de la información disponible acerca de Zoom se refiere a "reuniones" y "clientes" o "consumidores finales" en lugar de "clases" y "estudiantes." Como profesor, esto inicialmente me desalentó, pero ahora aprecio todas las cosas beneficiosas que Zoom puede hacer por nosotros, los profesores y por nuestros estudiantes.

.

1.2: ¿CÓMO ZOOM PUEDE AYUDARME A ENSEÑAR (Y A QUE MIS ALUMNOS APRENDAN)?

ZOOM PUEDE HACER muchas de las cosas que nosotros hacemos en nuestras clases presenciales tradicionales... Cuando enseño, por ejemplo, hago preguntas a la clase para despertar su curiosidad sobre la lección del día, y luego suelo dar una presentación en PowerPoint. Durante dicha presentación, a menudo hago preguntas de verificación de comprensión y pensamiento crítico, y ocasionalmente también muestro un video relacionado con la lección. Los estudiantes pueden hacer preguntas, y yo las respondo, a menudo dando ejemplos en la pizarra. En algún punto, hago que los estudiantes trabajen en pareja o grupos para resolver una actividad o discutir algún aspecto de la clase , y entonces llamo a algunos estudiantes para que compartan sus trabajos con la clase, usualmente haciéndolos compartir sus respuestas y a veces escribiéndolas en el pizarrón.

Zoom es una gran herramienta que te permite hacer todas estas actividades sin la necesidad de estar en el mismo lugar. No es lo mismo que estar en persona, pero es una alternativa viable. De hecho, algunos estudiantes y padres han encontrado ciertos aspectos de las lecciones de Zoom mejor que la versión presencial tradicional. (Véase parte 7)

Con Zoom, puedes llevar a cabo una clase sincrónica (llamada *meetings* en el vocabulario de Zoom) con muchas de las características de las clases presenciales tradicionales, incluyendo:

- Conferencia docente,
- Presentación en PowerPoint,
- Explicaciones en la pizarra
- Presentación de los estudiantes,
- Trabajos en pareja o grupales,
- Interacción de lo que un grupo o pareja han realizado
- Clarificación de las dudas de los estudiantes

1.3: ¿QUÉ NO PUEDE HACER ZOOM?

CREO que es importante saber lo que Zoom no puede hacer.

Zoom no es un sistema de gestión de cursos tales como Blackboard, Canvas, o Moodle. Por ende, Zoom no cuenta con videos pregrabados para que los estudiantes vean los módulos llenos de tareas para realizar. Los estudiantes no pueden entregar sus tareas a través de Zoom. Zoom no tiene foros de discusión o cuestionarios en línea. Zoom no valora ni califica nada.

Puede ser de mayor utilidad pensar en Zoom como una herramienta de presentación que permite a las personas en diferentes lugares estar juntas sincrónicamente, pero en un aula virtual.

1.4: ¿CUÁNTO CUESTA ZOOM?

SI TU ESCUELA TIENE una licencia de Zoom, entonces no tienes que pagar nada. No obstante si estás enseñando de forma independiente, necesitarás una cuenta. El costo dependerá del tipo de plan que elijas, uno de los cuales es gratuito.

En la actualidad, Zoom ofrece cuatro planes (https://zoom.us/pricing), incluido un plan gratuito llamado Plan Básico. Sin embargo, este plan gratuito, está limitado a crear reuniones de no más de 40 minutos si tienes tres o más personas.

Si estás empleando Zoom en tu escuela, puedes programar clases sin límite de tiempo establecido porque tu plan probablemente incluye tiempo ilimitado para las reuniones.

Plan de precios de Zoom (A partir de Julio 2020)

1.5: ¿POR QUÉ ZOOM ES TAN POPULAR ENTRE LOS PROFESORES?

PIENSO que a los profesores les agrada Zoom porque es muy fácil de configurar y muy práctico de operar. No necesitas un equipo de expertos para ayudarte con la instalación o el uso del mismo. Como docente, no tengo los conocimientos técnicos ni el tiempo para resolver problemas por mí mismo, y mucho menos para mis alumnos, por lo que necesito algo que me ayude a enseñar, no que me cause más dolores de cabeza.

Debido a la popularidad de Zoom, muchas compañías han visto las posibilidades del mercado para herramientas de conferencia web similares. Por lo tanto, no es de sorprenderse que Zoom ahora tenga una gran cantidad de competidores, incluidos Skype Meet Now, Cisco Webex, Google Meet, Google Hangouts y BlueJeans, por nombrar algunos. Aunque hubo reportes iniciales de problemas de seguridad con Zoom, muchos profesores no han comunicado inconvenientes al usarlo. Por una variedad de razones, Zoom sigue siendo enormemente popular, especialmente entre los profesores.

Zoom te permite reunir a 100 personas fácilmente, así como tener una reunión individual. Por lo tanto, puedo dictar mi clase de 31 personas o programar horarios de oficina para tener una conferencia con un estudiante y discutir acerca de un ensayo de un estudiante en particular.

También podría emplearlo para reunirme con un representante, mi director (supervisor) o un colega.

Zoom funciona en una computadora, una tableta o un teléfono. Esto es importante porque no sé a qué tipo de dispositivo tienen acceso mis alumnos. Los profesores necesitan de una herramienta como Zoom que tenga este tipo de flexibilidad.

Como profesor, no creo que ninguno de mis estudiantes deba intentar completar mi curso en sus teléfonos, pero no todos cuentan con acceso a una computadora. Además, incluso si tienen una computadora en casa, es probable que no tengan acceso a ella todo el tiempo. Es muy importante para nosotros recordar que nuestros estudiantes pueden compartir el acceso a la computadora e Internet (banda ancha) con varios hermanos o compañeros de cuarto, o con sus padres, que también estén tratando de trabajar desde casa.

Zoom puede funcionar bien en diferentes sistemas operativos como PC o Mac. Se puede acceder a través de diferentes navegadores web como Chrome, Firefox o Safari, entre otros.

Como profesor con habilidades informáticas sin pretensiones, resumiré mi opinión sobre Zoom en una palabra simple: **funciona.**

PARTE 2

ANTES DE COMENZAR A PLANIFICAR TU CURSO USANDO ZOOM

2.1: ¿QUÉ DESEA HACER UN PROFESOR EN UNA CLASE, YA SEA EN PERSONA O EN LÍNEA?

A VECES cuando aprendemos sobre una nueva tecnología, puede haber una tendencia animada a dejarse guiar por las campanas, los silbidos y las características geniales de ese nuevo programa. Debemos recordar que la tecnología es solo una herramienta aquí para ayudarnos a enseñar y aprender mejor.

Concéntrate en tu enseñanza, no en la tecnología. Antes de abordar el tema de la enseñanza con Zoom (o cualquier otra nueva tecnología), primero debemos centrarnos en qué tipo de cosas prácticas y exitosas solemos hacer en nuestras clases presenciales y después aprender cómo podemos hacer esto implementando la nueva tecnología.

¿Cuáles son algunas de estas excelentes actividades que la mayoría de los profesores también desearían poder hacer en una nueva clase de Zoom? ¿Puedes hacer una pausa ahora y pensar en cinco de ellas que realizas en casi todas tus presentaciones? En otras palabras, ¿puedes enumerar cinco actividades que absolutamente necesitas poder realizar en tus propias clases? Después de hablar con un gran número de profesores de todos los niveles, desde primaria hasta universitarios, compilé esta lista de verificación de algunas acciones comunes en el aula:

- Chequear asistencia
- Hablar a la clase
- Realizar una pregunta a la clase y escuchar sus respuestas
- Dictar la lección (presentar nueva información o repasar una ya expuesta). Mostrar una presentación en PowerPoint mientras hablas del contenido.
- Pedir a los estudiantes que trabajen en parejas o pequeños grupos
- Realizar los ejercicios del libro
- Verificar las respuestas de los ejercicios llamando a los estudiantes o solicitando voluntarios)
- Enviar /asignar tarea
- Hacer que los estudiantes realicen presentaciones (solos o en grupos)
- Dar retroalimentación oral inmediata sobre las presentaciones de los estudiantes/alumnos o trabajos grupales
- Hacer que los alumnos/estudiantes completen las tareas de laboratorio
- Invitar a un orador (a) a la clase
- Trabajar horas de oficina (reunirse con un estudiante/alumno o padres)

Por supuesto, ninguna lista puede ser tan completa que cubra todo lo que te gustaría hacer, así que antes de avanzar ¿Puedes enumerar otras tres acciones que frecuentemente realices en tus clases presenciales y te gustaría poner en marcha en tu nueva configuración de clase virtual?

_____?
_____?
_____?

Para obtener más información sobre como comenzar una lección, consulta también las preguntas 4.1. y 4.2.

2.2: ¿CUÁL ES LA DIFERENCIA ENTRE LOS DOS FORMATOS GENERALES PARA CURSOS EN LÍNEA (SÍNCRONO Y ASÍNCRÓNO)?

HAY infinidad de opciones para dictar una clase en línea, y este libro se centra en una herramienta popular: Zoom. Es importante comprender/entender más sobre la educación en línea específicamente. En general, la educación en línea ocurre una de dos maneras: sincrónica o asincrónica. Cada camino ofrece ciertas ventajas y desventajas.

Las clases sincrónicas ocurren en tiempo real con los participantes en lugares diferentes y remotos que se reúnen al mismo tiempo. En otras palabras, podrías pensar que son tus clases presenciales, pero que todos aparecen a través de una computadora. Si tu clase presencial dura 75 minutos, esta clase también podría durar 75 minutos.

Al igual que con una clase presencial, se espera que los estudiantes estén presentes, así que la asistencia cuenta. El profesor usará algún programa para organizar y hacer que la clase y los participantes sean visibles y audibles. Hay tareas durante la clase y fuera de ella, al igual que en una clase presencial.

Las opciones populares en programas para clases sincrónicas, enumeradas alfabéticamente, incluyen lo siguiente:

- Adobe Connect
- Cisco Webex
- Google Hangouts Meet
- GoToWebinar
- Microsoft Teams ON24
- Skype Meet Now Zoom

Las clases asincrónicas son todo lo contrario. Las clases asincrónicas no se encuentran a una hora establecida. En cambio, muchos instructores organizan el curso por módulos, y los estudiantes tienen una proporción de tiempo establecido, generalmente una semana, para completar las asignaturas dentro de un módulo. Dichas asignaturas pueden incluir materiales de lectura, videoclips, conferencias pregrabadas, cuestionarios, pruebas, publicaciones de discusión, proyectos grupales y tareas de diferentes categorías. Las opciones populares para los sistemas de gestión de cursos para clases asincrónicas, enumeradas alfabéticamente, incluyen lo siguiente:

- Blackboard
- Canvas
- Collaborate
- Ultra
- Desire to Learn
- Google Classroom
- Moodle
- Schoology

Por si fuera poco, hay clases híbridas, o clases de modo mixto, que usan una combinación de estos dos sistemas. En mis cursos universitarios, por ejemplo, tenemos reuniones de Zoom (sincrónicas), pero los estudiantes también deben hacer las tareas, discusiones y cuestionarios en los módulos de nuestro curso en Canvas (asincrónico).

PARTE 3

CREANDO TU AULA VIRTUAL EN ZOOM

3.1: ¿NECESITO UNA CUENTA ZOOM? DE SER ASÍ, ¿CÓMO OBTENGO UNA?

SI TU ESCUELA ha pagado por el acceso a Zoom, los profesores y estudiantes no necesitan una cuenta. En este caso, los profesores y los estudiantes simplemente accederán a Zoom a través de su plataforma de aprendizaje en línea habitual. Por ejemplo, mi escuela emplea Canvas, y hay un enlace para Zoom en mi curso en dicha plataforma.

Link de Zoom en Canvas

Si tu escuela no te ha facilitado una cuenta o si estás enseñando en privado, necesitarás una. Obtener tu propio usuario personal es muy fácil. Si estás en los Estados Unidos, accede a

https://zoom.us/

o

https://zoom.us/freesignup/

Sólo completa tu correo electrónico y sigue las instrucciones. Los pasos para registrarse y crear una cuenta de Zoom son muy similares a los mismos a seguir para cualquier otro servicio en línea.

3.2: ¿QUÉ TIPO DE COMPUTADORA Y EQUIPO NECESITAN LOS PROFESORES Y LOS ESTUDIANTES?

BUENAS NOTICIAS: No necesitas mucho.

Zoom requiere una computadora o dispositivo similar. Puede ser una computadora de escritorio, una computadora portátil, una tableta o incluso un teléfono. Sin embargo, debido a que tu objetivo es poder observar bien a través de la plataforma, yo no recomendaría un teléfono (o incluso una tableta). Además, algunos profesores han reportado que ciertas funciones de Zoom pueden no funcionar en absoluto en los teléfonos celulares. Por tal motivo, aconsejaría una computadora de escritorio o portátil.

Además de un buen dispositivo, todos necesitan una conexión a Internet sólida para transmitir imágenes y audio de forma clara y rápida.

También necesitarás altavoces, un micrófono y una cámara web para que todos puedan verte y escucharte. La mayoría de las computadoras tienen estas tres características integradas.

Si compraste tu dispositivo en los últimos cinco y/o diez años, es probable que el mismo ya cuente con un altavoz, un micrófono y una cámara web incorporados. Las cámaras web, por ejemplo, se han incluido en la mayoría de las computadoras desde principios de este siglo.

Si tu computadora no cuenta con estos tres últimos dispositivos ya integrados, puedes obtener opciones de complemento USB. Como profesor de inglés y no como técnico en informática, no tengo ningún consejo técnico específico que ofrecer aquí.

En cambio, sí te recomendaría consultar a un experto en tecnología. Visita tu tienda electrónica más cercana que venda equipos de computación para pedir su ayuda. Los ejemplos en los EE. UU. pueden incluir, en orden alfabético, Best Buy, Office Depot, Staples, Target, Walmart o similares.

Sí, puedes solicitar información en línea, pero ¿no preferirías hablar con una persona real en vivo para poder explicar tu situación exactamente y encontrar algo que satisfaga tus necesidades? Además, si algo no funciona, valorarás la posibilidad de devolver ese producto a la tienda de inmediato y, a su vez, hablar con un empleado que pueda escuchar tu problema y ofrecerte una solución concreta en persona.

3.3: ¿NECESITO USAR LUCES ESPECIALES?

LUEGO DE MIS primeras clases en Zoom desde la oficina de mi casa, un estudiante de una de mis clases en línea me envió un correo electrónico para decirme que mi cara se veía muy oscura en el transcurso de mi clase.

Dicho comentario realmente me pareció extraño porque la imagen que vi de mí mismo en la pantalla de mi computadora (en Zoom, puedes verte a ti mismo y a tu audiencia al mismo tiempo en una pantalla dividida) me pareció bien. No, mi imagen no era súper brillante como la de un presentador de noticias de televisión, pero no pensé que me viera particularmente a oscuras. Posteriormente, en un chat de Zoom con tres amigos sólo unos días después, uno de ellos me comentó lo mismo.

Para mejorar la iluminación, reorganicé mi oficina. Cuando enseño en línea, lo hago desde mi computadora en el escritorio de mi oficina. Cuando comencé a enseñar con esta metodología, mi escritorio estaba frente a una ventana que recibía mucha luz solar, por lo que estaba cometiendo uno de los errores de iluminación más comunes: retroiluminarme.

De inmediato cambié mi escritorio a 180 grados para tener la ventana frente a mí en lugar de atrás.

Este simple cambio elimina la retroiluminación y al mismo tiempo refleja la luz natural en mi rostro. Debido a que estoy sentado en el centro de la línea de luz desde la ventana, la luz en mi rostro es equilibrada, lo que ayuda a evitar sombras no deseadas. Además, mi fondo virtual ahora es mi estantería de madera oscura llena de libros, que es parte de la imagen que deseo proyectar a mis estudiantes en este curso universitario en particular.

¿Qué pasa cuando hay luz solar limitada o nula? Según las personas a las que he consultado sobre esto, las mejores imágenes provienen de la iluminación que se encuentra sobre, frente y a ambos lados de ti.

Investigué un poco en línea y pedí 2 luces para ayudar a iluminar mi rostro y mi trasfondo (oficina). Una era una pequeña luz que se ajustaba en la parte superior de mi monitor, y la otra era una luz de anillo de la que ya había escuchado buenas críticas. Después de una semana de tratar de mover dichas luces de un lado a otro para obtener una buena imagen, ninguna de las dos funcionó bien para mí, y ambas fueron enviadas de regreso a la compañía. La pequeña luz de clip era demasiado brillante y casi saturaba en mi rostro.

La luz del anillo quizás sea la mejor opción para la mayoría de las personas, pero puede causar problemas si usas anteojos. En mi caso, la luz del anillo reflejó una imagen de forma ovalada y a la vez molesta en mis lentes. Si no usas anteojos, es posible que desees considerar esta opción, pero con cualquier iluminación, asegúrate que tu equipo tenga un soporte alto. La iluminación debe estar por encima de ti. Si usas anteojos, debe ser aún más alta para evitar crear un reflejo en los mismos. La mayoría de las luces de anillo que encontré en línea tienen un soporte de solo 18" a 24", pero te recomendaría de 60" si puedes encontrarlo.

Sí, tuve que probar una variedad de lámparas diferentes y luces de techo, así como cerrar las persianas de las ventanas y abrirlas parcialmente pero en diferentes ángulos para obtener la mejor iluminación para mí (con mis anteojos).

Prueba con tu iluminación. Intenta que un amigo inicie sesión en tu clase cuando los estudiantes no estén allí para que te dé su opinión sobre cómo se refleja tu imagen en su computadora. Después de una prueba y error, ahora creo que tengo una mejor iluminación que responde al comentario inicial de mi estudiante acerca de que mi rostro se veía oscuro.

3.4: ¿NECESITO USAR AURICULARES?

BUENO NO; pero sí. Con tu micrófono incorporado, tus estudiantes podrán escucharte, pero existe una gran probabilidad de que suene distante y tú mismo no te des cuenta de ello. Tal vez esto no sea un inconveniente cuando 2 o 3 amigos estén chateando en Zoom sólo para ponerse al día. Sin embargo, tratar de escuchar atentamente la voz un poco distante de un profesor durante más de 15 minutos es agotador para los estudiantes, así que usa auriculares.

Ordenar un auricular en línea es fácil. Busca el "mejor auricular para Zoom" o el "mejor auricular para llamadas en conferencia" para ver qué características posee. Un colega que hace muchas presentaciones en línea recomendó la marca Logitech, y encontré opciones entre $17 y $45. Pedí uno, lo he estado usando con éxito y definitivamente recomendaría que inviertas en un buen auricular.

Si deseas escuchar la diferencia que hacen los auriculares, programa una reunión de Zoom con alguien que tenga un par y pídele que hable que lo haga sin ellos. Después de hacer esto, sospecho que siempre usarás auriculares.

No soy una persona de tecnología, pero instalar y usar auriculares es fácil. Los auriculares se conectan a uno de los puertos USB en la parte posterior de la computadora, en el mismo lugar donde insertarías una memoria USB. Uno de los errores más comunes al usar un auricular es olvidar decirle a tu computadora que deseas usar el auricular en lugar del audio interno (incorporado) de la misma.

Para hacer esto, dirígete a las Preferencias de tu Sistema de Sonido (Audio) para elegir este nuevo auricular. Tu computadora puede ser un poco diferente. En mi Mac, hago clic en el pequeño ícono de la manzana (parte superior izquierda de la pantalla), luego en Preferencias del Sistema, después en Sonido y por último en el nombre del auricular.

En esta imagen, se puede apreciar que acabo de seleccionar mis auriculares que llevan por nombre USB Logitech. (Estoy cambiando de "Altavoces internos" que es el sistema con el que viene mi computadora). Asegúrate de hacer este mismo procedimiento dos veces: una vez para la salida (poder hablar) y luego una vez para la entrada (poder escuchar) .

Si no realizas este paso, tu computadora continuará con el audio interno integrado por defecto.

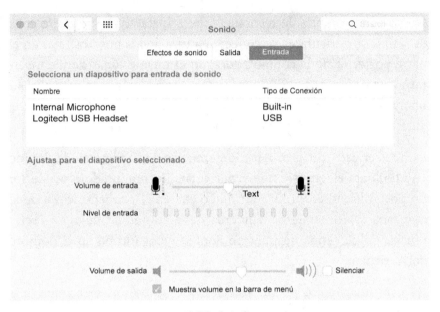

Salida de Audio

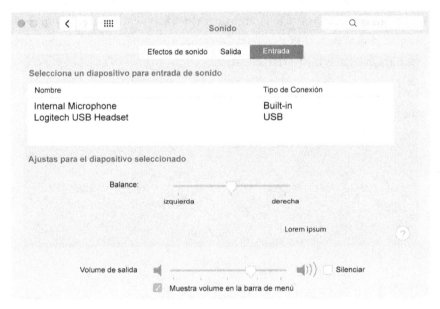

Entrada de Audio

3.5: ¿CÓMO CREO UN AULA DE CLASES EN ZOOM?

ESTA ES QUIZÁS la pregunta más importante en todo el libro. Puedo explicar este proceso en 5 pasos sencillos, pero primero puede ser útil saber qué es exactamente lo que vas a crear.

Una vez que cumplas estos pasos, habrás creado tu aula virtual de Zoom; es decir, el lugar en línea donde tú y tus estudiantes interactuarán.

Zoom generará un enlace (una ubicación web) que luego les enviará a tus estudiantes. A su vez, ellos deberán hacer clic en dicho enlace cuando estén listos para ingresar a su aula en el momento que hayan elegido.

A continuación, un ejemplo de un enlace único para uno de mis cursos anteriores:

https://us04web.zoom.us/j/76515719267?
pwd=Vi9kRDNQYmVKY1ZJTGdabW1uYWdSUT09

En Zoom, lo que los profesores llaman clase o aula se llama reunión, por lo que en realidad se va a llevar a cabo una reunión.

Dado que Zoom fue creado originalmente para los negocios, el término reunión tiene más coherencia.

Cuando inicies sesión por primera vez, se mostrará una pantalla de apertura que se ajusta de forma predeterminada a tu perfil. Para configurar una nueva reunión, haz clic en REUNIONES, como muestra la flecha en la captura de pantalla.

Organizando una reunión

Llegado a este punto, obtendrás una lista de opciones. Estas opciones pueden variar ligeramente según el nivel de plan de Zoom que tengas. Por ejemplo, tengo una cuenta de Zoom personal gratuita y una cuenta de Zoom en nuestro sistema de gestión de aprendizaje (Canvas) por parte de mi universidad. La lista de opciones en ambas cuentas es muy similar, pero hay algunas diferencias en el diseño y la secuencia en la página.

Dependiendo de tu plan, las opciones que explicaré ahora pueden no mostrarse en el mismo orden, pero las verás en la lista de opciones en algún momento. Mi recomendación es leer los 5 pasos aquí y luego tratar de configurar una reunión utilizando tu plan de cuenta.

Cuando hagas clic en PROGRAMAR UNA NUEVA REUNIÓN, se te darán varias opciones para diferentes aspectos de la clase que estás programando. Así como una clase presencial puede tener distintos períodos de tiempo y requisitos de admisión, cada clase de Zoom puede variar de diferentes maneras dependiendo de cómo la configures.

La página de configuración de la reunión (clase) tiene por lo menos 15 opciones diferentes que puedes considerar. En lugar de mostrar toda la página con cada una de sus opciones y características, presento una en forma individual en 5 pasos más pequeños.

PASO 1: ASIGNAR NOMBRE A TU CLASE

Mis Reuniones> Organizar una Reunión	
Organizar una Reunión	
Tema	Mi Reunión
Descripción (Opcional)	Escribe una descripción de tu reunión

Asignar nombre a tu clase

En el apartado TEMA, puedes asignar un nombre a tu curso. También puedes incluir una DESCRIPCIÓN más extensa si así lo descas.

Los estudiantes podrán ver tanto el nombre del curso como su descripción, así que escribe algo que sea de utilidad para ti y para ellos. En dicho apartado, podrías asignar un nombre como "Conversación en inglés, Nivel 2" y quizás agregar "Clase diaria utilizando el libro de texto *Prácticas de Estructura en Inglés*" en el apartado opcional DESCRIPCIÓN.

No asignes un nombre a la clase con una fecha específica como por ejemplo "Algebra avanzada, 20 de marzo" porque (en el Paso 2) tendrás la oportunidad de indicar si se trata de una reunión única, que es la predeterminada, o una REUNIÓN RECURRENTE. Debido a que a menudo estamos creando una clase que se reúne más de una vez, probablemente elijas REUNIÓN RECURRENTE.. Sin embargo, tus estudiantes se confundirán cuando sus clases de abril y mayo aún se llamen "Álgebra avanzada, 20 de marzo", por lo que no es una buena idea usar una fecha en nombre de una reunión periódica (de clase).A

PASO 2: CUÁNDO Y CUÁNTO TIEMPO

Cuando	04/26/2020	2:00	PM
Duración	1	0	min

Tu plan Básico de Zoom viene con un límite de tiempo de 40 minutos cuando hay 3 o más participantes.

No mostrar este mensaje otra vez

Zona Horaria	(GMT-4:00 Eastern Time (EEUU y Canada)

Reunión Recurrente

Cuándo y cuánto tiempo

A continuación, debes indicar cuándo se reunirá tu clase. En la sección "CUÁNDO", elije la fecha y hora de la primera reunión.

En DURACIÓN, debes decidir cuánto tiempo se reunirá tu clase. Si tienes tres o más personas en tu reunión, recuerda que el plan básico de Zoom sólo te brinda 40 minutos por sesión. Recibirás una advertencia cuando falten diez minutos y nuevamente cuando sólo quede un minuto. Cuando el límite de tiempo se esté por agotar, Zoom se detiene, ¡así que planifica adecuadamente! En las cuentas proporcionadas por la escuela, la mayoría de los planes incluyen tiempo casi ilimitado para cualquier clase.

Asegúrate de que la información de ZONA HORARIA sea precisa para tu ubicación. Si tus estudiantes se encuentran en diferentes partes del mundo, cerciórate que sepan la zona horaria y el itinerario del curso correspondiente.

Si deseas que la reunión se repita, selecciona REUNIÓN RECURRENTE. Para la mayor parte de los cursos, tendrás que seleccionar esta opción. Si no, tendrás que crear una nueva reunión de Zoom para cada reunión de clase que dictes, lo cual es innecesario.

Esto te permitirá configurar una clase en la cual te reunirás muchas veces.

Reunión recurrente

Mi clase universitaria se reúne dos veces por semana (martes y jueves) durante 12 semanas. La manera más fácil para mí de configurar esto es elegir una REUNIÓN RECURRENTE y luego SEMANALMENTE. Escribe 1 para REPETIR SEMANALMENTE si tu clase se reúne todas las semanas. Yo seleccioné martes y jueves para mi clase.

Luego selecciona la FECHA FINAL y Zoom creará las 24 reuniones (12 semanas x 2 veces por semana).

PASO 3: PRIVACIDAD

ID de reunión	⊙ Generar automáticamente	ID de Reunión Personal ▉▉▉▉▉
Contraseña de reunión	☐ Requerir contraseña de reunión	

Configuración de privacidad

Hay muchas maneras de evitar que quienes no sean tus estudiantes ingresen a tu clase de Zoom. Zoom generará un enlace que enviarás a tus estudiantes para que puedan ingresar a tu clase en línea.

Recomiendo que selecciones la opción GENERAR AUTOMÁTICA-MENTE en lugar de utilizar tu número de ID DE REUNIÓN PERSONAL.

Puedes seleccionar REQUERIR CONTRASEÑA DE REUNIÓN si deseas una. Es una copia extra de seguridad. Yo no elijo tener una contraseña porque es una cosa más que los estudiantes pueden extraviar o perder, lo que afectaría la asistencia. Los estudiantes me han hecho saber que no tener una contraseña hace que asistir a clases sea más fácil. Si nunca divulgas el enlace en un lugar público, sólo tus estudiantes deberían poder ingresar a tu clase. Nunca hagas una publicación sobre una reunión de Zoom.

El grado de seguridad depende de ti como profesor. Si te preocupa la privacidad, crea una contraseña y envíala a tus estudiantes conjuntamente con el enlace, asegurándote de decirles que necesitarán ambos para asistir a clase. (Ver también parte 6.)

PASO 4: VIDEO Y AUDIO

Video	Anfitrión	○ on	◉ off
	Participante	○ on	◉ off

Audio	○ Teléfono	○ Audio de Computadora	◉ Ambos
	Marcar desde Edit		

Configuración de video y audio

Para VIDEO, la pregunta es si deseas que tu rostro y los de tus alumnos (desde sus cámaras) sean visibles desde el momento en que cada persona ingresa al aula virtual. Mi preferencia es OFF para ambas partes. Todos pueden hacer visible sus rostros en cualquier momento. Yo prefiero hacer esto cuando sé que estoy cómodamente sentado, la iluminación es la adecuada, la puerta de mi oficina está completamente cerrada, cuando he tomado unos sorbos más de agua, etc. Luego y sólo entonces enciendo mi cámara. En conclusión, comienza con las cámaras apagadas.

Para los estudiantes, también comienzo con OFF. Los estudiantes pueden encender sus cámaras cuando estén listos. Algunos profesores requieren que las cámaras de los alumnos estén encendidas, pero tengo muchos estudiantes aplicados que preferirían permanecer invisibles por muchas razones.

La mayoría de las veces, permito que cada estudiante elija si encender o no su cámara. Sí, la elección es tuya, pero también te aconsejo que tengas en consideración que no todos ellos desean que vean cómo es el interior de su residencia. De hecho, el video podría generar ciertos problemas de privacidad. (Consulta las normas y directrices de tu propia escuela sobre este tema importante). (Consulta también la parte 6.)

Para AUDIO, selecciona AMBOS.

PASO 5: OPCIONES DE REUNIÓN

Opciones para la Reunión

☐ Habilitar antes de hospedar

☑ Silenciar participantes antes de entrar

☐ Utilizar ID de Reunión Personal

☑ Habilitar la sala de espera

☐ Sólo participantes autenticados

☑ Grabar automáticamente   ◯ En la computadora   ◉ En la nube

Opciones de reuniòn

En este último paso, encontrarás algunas opciones amigables para los profesores y, en mi opinión, algunas opciones no tan buenas. Después de consultar con varios colegas, explicaré mis sugerencias y lo que uso para mi clase en línea con Zoom. Cada opción es introducida en mayúsculas

HABILITAR ANTES DE HOSPEDAR permite a los estudiantes ingresar a la clase antes que el profesor. En general, esto no es recomendable. Si estás usando contraseña, entonces puedes seleccionar esto, pero si no, definitivamente no lo selecciones. Esto es para evitar el "Zoombombing" en el que un extraño ingresa a tu aula con fines de bromas de mal gusto, como publicar lemas políticos o algo peor. (Ver también parte 6.)

SILENCIAR PARTICIPANTES es muy útil. Siempre selecciono esto. Cuando los estudiantes ingresan por primera vez, pueden tener todo tipo de ruido de fondo. Una vez que comienza la clase, los estudiantes pueden deshacer esta opción, aunque muchos eligen permanecer en silencio durante toda la clase. La verdad es que los estudiantes sólo necesitan ser silenciados cuando no van a realizar ningún tipo de preguntas, por lo que silenciar es una buena opción para elegir como configuración predeterminada.

UTILIZAR ID DE REUNIÓN PERSONAL no es necesario. En un paso anterior, recomendé no usar tu ID de reunión personal, nuevamente por razones de seguridad.

HABILITAR LA SALA DE ESPERA es una muy buena opción. (Ver pregunta 3.7.) Es exactamente lo que parece. Si tu clase comienza a las 2 p.m., la sala de espera se habilita antes de las 2 p.m. si seleccionas esta opción.

Cuando los estudiantes inicien sesión en tu clase utilizando el enlace que les proporcionaste, se encontrarán en la sala de espera. Luego, en dicha sala podrás hacer que ingresen a la clase uno a uno o puedes elegir la opción SELECCIONAR TODO para admitir de una vez a todo el grupo de personas que esperan. Mi clase tiene solo 31 estudiantes, así que prefiero admitirlos uno por uno para asegurarme de reconocer sus nombres. Si veo un nombre que no reconozco, no admito a esa persona.

La siguiente captura de pantalla es un ejemplo de lo que observo como profesor cuando estoy esperando en la sala justo antes de la clase. Tres estudiantes han entrado en la sala de espera hasta ahora. Les envié un mensaje en el área de chat para decirles que estaba esperando que nuestro orador invitado llegara antes de dejar entrar a los estudiantes. Cuando estuviera listo para admitirlos, podría admitirlos uno por uno haciendo clic en ADMITIR o admitir a todos seleccionando ADMITIR A TODOS.

Sala de espera para admitir estudiantes

Dependiendo de cómo inicies sesión en Zoom, podrás ver una opción llamada PRE-ASIGNACIÓN DE SALA DE VIDEOS PARA GRUPOS PEQUEÑOS, que te permite decidir de antemano qué estudiantes trabajarán juntos en el mismo grupo durante la duración de la clase.

Cuando estés dictando la clase, puedes organizar a los estudiantes en pequeños grupos para trabajar juntos en una SALA DE VIDEOS PARA GRUPOS PEQUEÑOS donde no puedan escuchar ni ver a nadie más. Es posible que veas un botón que te permita ASIGNAR PREVIAMENTE a ciertos grupos que se reunirán en salas separadas si así lo deseas. Puedes hacerlo ahora, o puedes permitir que Zoom asigne aleatoriamente a tus alumnos a una sala luego durante la clase.

¿Debería pre-asignar a los estudiantes a salas específicas para grupos o dejar que Zoom los asigne al azar? Para mí, la asignación previa de estudiantes es engorrosa e innecesaria en su mayor parte ya que requiere mucho tiempo, por lo que lo hago al azar, lo que se explica en detalle en la pregunta 4.7. Sin embargo, algunos profesores agrupan a los estudiantes con compañeros de clases específicos para trabajar juntos en tareas o proyectos específicos, especialmente en proyectos grupales más largos.

SÓLO LOS USUARIOS AUTENTICADOS PUEDEN UNIRSE no es una opción que haya seleccionado para mis clases de Zoom. Si la seguridad es un problema para ti, puedes usar otros métodos para evitar la entrada de estudiantes no matriculados o visitantes no invitados, como generar una contraseña única que puedas proporcionar a tus estudiantes. (Ver también parte 6.)

GRABAR LA REUNIÓN AUTOMÁTICAMENTE puede ser una opción para ti, dependiendo del plan de Zoom que estés usando (gratis o uno de los distintos niveles de cuentas de pago). Debido a que tengo estudiantes que no pueden asistir a todas las clases, siempre grabo cada reunión de clase y luego publico el enlace a la grabación en nuestro sitio de Canvas.

La grabación se puede almacenar en uno de dos lugares: localmente (en tu computadora) o en la nube. Prefiero que la grabación se almacene en la nube (en lugar de en mi computadora). Nuevamente, puedo usar la opción de nube porque mi universidad ha pagado un paquete de Zoom que brinda esta opción. (Mi cuenta personal gratuita no incluye la opción en la nube).

Después de realizar todas tus elecciones, que se pueden editar hasta el momento en que realmente comienza la reunión, haz clic en GUARDAR.

Guardando las preferencias para tu clase de Zoom

Cuando finalices estos pasos, habrás creado con éxito una reunión Zoom (clase). Tu pantalla ahora debería mostrarte todos los detalles de tu clase, incluidas las opciones que has seleccionado.

El enlace UNIRSE es lo que le enviarás a tus alumnos para que puedan acceder a tu clase en el día y la hora asignada.

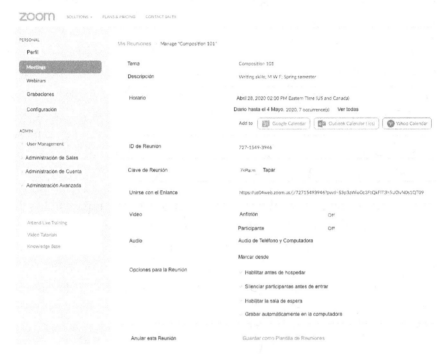

Tu clase de Zoom recién creada

3.6: ¿CÓMO INGRESARÁN LOS ESTUDIANTES/ALUMNOS AL SITIO DE REUNIÓN DE MI CLASE?

CUANDO TERMINES de crear una clase de Zoom, observarás una página que enumera todas las opciones seleccionadas para tu clase, como se ve en la pregunta 3.5. Verás UNIRSE A UNA REUNIÓN DE ZOOM o UNIRSE AL URL seguido de un enlace a tu reunión / clase de Zoom.

El enlace es fácil de encontrar y, por lo general, comienza https: //. Si tu clase no requiere una contraseña, simplemente copia este enlace y envíalo a tus estudiantes. Este enlace es lo único que necesitarán para ingresar al aula.

Sin embargo, si creaste una reunión que requiera una contraseña, también habrá una contraseña que deberás copiar para proporcionar a tus alumnos. Requerir una contraseña es una copia adicional de seguridad para que los no estudiantes no puedan asistir (o "Zoombomb", o interrumpir) tu clase.

Si solicitaste una contraseña, la verás en esta página y deberás proporcionar el enlace y dicha contraseña a cada alumno. En lugar de copiar el enlace y luego la contraseña, también puedes seleccionar COPIAR INVITACIÓN A LA REUNIÓN, y esto te permitrá brindar a tus estudiantes toda esta información y mucho más.

Copiar invitación a la reunión

Si has configurado tu clase para que tenga una contraseña, recuerda que los estudiantes no podrán acceder a tu clase sin la misma ni el enlace proporcionado. Por lo general, no solicito contraseña, pero el nivel de seguridad que prefieras dependerá de ti. (Para más información sobre seguridad, consulta la parte 6.)

Unos días antes de la fecha de la reunión de clase, deberás enviar un correo electrónico a tus estudiantes con el enlace web (y la contraseña, si eliges solicitar una).

El día de la clase, los estudiantes iniciarán sesión en la reunión simplemente haciendo clic en el enlace que les has enviado, o pueden copiar el enlace y ponerlo en su navegador favorito como Chrome o Safari y presionar el botón de retorno en su teclado. Si tu clase tiene una contraseña, también deberán ingresarla.

En algunos casos, el sistema de gestión del aprendizaje (Canvas, en mi caso) puede tener un enlace Zoom en el menú lateral en el que los estudiantes simplemente hacen clic para ir a la reunión Zoom.

3.7: DESPUÉS QUE LOS ESTUDIANTES TENGAN EL ENLACE AL AULA ZOOM, ¿PUEDEN ACCEDER INMEDIATAMENTE A ELLA?

DEPENDERÁ de cómo configuraste tu aula.

Existen dos opciones básicas aquí. Puedes permitir que los estudiantes vayan directamente al aula, incluso si aún no te encuentras allí. Alternativamente, puedes pedirles que esperen en una sala de espera.

Si eliges HABILITAR UNIRSE ANTES DEL ANFITRIÓN, esta opción les permite a tus alumnos ir directamente al aula, ya sea que te encuentres allí o no. No suelo elegir esta opción.

Si eliges HABILITAR SALA DE ESPERA, los estudiantes no irán directamente a la clase. En cambio, entrarán en una sala de espera y sus nombres aparecerán en una lista. Luego podrás hacer clic en ADMITIR por cada nombre (sí, uno por uno), o podrás hacer clic en ADMITIR TODOS. Si alguien llega tarde, también deberás ADMITIR a esa persona, ya que todos van a la sala de espera cuando habilitas esta opción. Una buena ventaja de esta opción es que los estudiantes pueden pasar el rato y conversar (en el cuadro de chat) antes de la clase, justamente lo que sucede en un aula presencial cuando algunos estudiantes llegan temprano.

Opciones para la Reunión

☐ Habilitar antes de hospedar

☐ Silenciar participantes antes de entrar

☑ Habilitar la sala de espera

☐ Preasignar salas de videos para grupos pequeños

☐ Grabar la reunión automáticamente en la computadora

Guardar   Anular

Habilitar sala de espera

Si deseas cerrar el aula para que ninguna otra persona pueda ingresar, esa también es una opción. Algunos profesores que desean hacer cumplir la puntualidad pueden elegir esta opción.

3.8: ¿CÓMO INGRESO AL AULA?

DIRÍGITE A TU CUENTA ZOOM. Haz clic en REUNIONES. Luego verás una lista completa de todas las reuniones para todas tus clases. Cada clase tiene un botón ELIMINAR que te permite suprimirla. Sólo las reuniones de clase que son ese día también tienen un botón de INICIO.

Entrar al aula para profesores

Haz clic en COMENZAR.

Aparecerá una pantalla que diga OPEN ZOOM.US

Abrir Zoom

Haz clic en OPEN ZOOM.

En este punto, es posible que veas una pequeña pantalla super-puesta en Zoom que te pida que te UNAS AL AUDIO DE LA COMPUTADORA. Haz clic en este botón. Si deseas PROBAR EL ALTAVOZ Y MICRÓFONO primero, haz clic en ese botón. Una vez que estés satisfecho con tu altavoz y micrófono, haz clic en UNIRSE CON AUDIO DE LA COMPUTADORA.

Unirse al audio de la computadora

Estás en tu aula de Zoom ahora.

Tema de la Clase:	Composition 101
Nombre de Anfitrión	Keith Folse
Clave:	7kPqcm
Clave Numérico: (Telephone/Room systems)	844013
Invitación URL:	https://us04web.zoom.us/j/72715493946?pwd=S3p3aWw0c3FtQkFlT3h5U0lvN0s1QT09
	Copy URL
Participant ID:	309290

Unirse con Audio

Computer Audio Connected

Compartir Pantalla

Invitar a Otros

He aquí tu aula

3.9: ¿QUÉ NECESITO HACER PARA QUE LOS ESTUDIANTES/ALUMNOS ME VEAN Y ESCUCHEN/OIGAN?

(ALTERNATIVAMENTE: ¿CÓMO PUEDO DETENER A MIS ESTUDIANTES DE VERME O ESCUCHARME?)

EN UNA CLASE PRESENCIAL, trato de llegar unos diez minutos antes para preparar cosas como un sitio web o un video y listo. Sin embargo, a veces un estudiante viene a mi área de escritorio para hablar conmigo justo cuando estoy tratando de concentrarme en tareas relacionadas con la clase, como asegurarme de que un sitio web ya esté abierto. Si estoy realmente presionado por el tiempo, podría decirle al estudiante que necesito esos pocos minutos para preparar la computadora o un sitio web, y pedirle que me vea después de clase o que me envíe un correo electrónico.

En Zoom, esta situación se puede controlar fácilmente simplemente silenciando su micrófono y su video. En tu pantalla de Zoom, habrá una barra (una fila larga) de símbolos, generalmente en la parte inferior de tu pantalla, que te permite hacer varias cosas como apagar y encender tu audio, o apagar y encender tu video. (Nota: Si no ves esta barra con símbolos para diferentes opciones, simplemente mueve un poco el mouse en la pantalla Zoom y aparecerá la barra, generalmente debajo de la pantalla pero a veces arriba).

Cuando estés listo para ser escuchado, haz clic en REACTIVAR (UNMUTE).

Después de una pausa muy breve (de dos a cinco segundos), los estudiantes pueden escucharte. Si no deseas ser escuchado, haz clic en MUTE/SILENCIO.

(Te aconsejo explicar bien estos dos botones a tus alumnos).

Cuando estés listo para ser visto, haz clic en INICIAR VIDEO (el segundo botón). Nuevamente, esto puede tardar unos segundos en encenderse. (Las opciones son Activar, Iniciar Video, Seguridad, Participantes, Chat, Compartir Pantalla, Encuesta, Terminar Grabación, Closed Caption, Grupos Pequeños, Más, Terminar Reunión.)

Barra de menú con opciones

3.10: ¿CÓMO PUEDES CAMBIAR TU FONDO VIRTUAL DE ZOOM?

mi trasfondo normal en Zoom

CUANDO ENSEÑO EN ZOOM, estoy sentado en mi escritorio en mi oficina frente a dos grandes estanterías llenas de libros. Este es mi fondo virtual de Zoom, y me encanta este aspecto.

Coincide con lo que soy como profesor de idiomas. Sin embargo, a todos les gustan los looks diferentes, por lo que Zoom te permite cambiar tu fondo virtual de manera muy simple. De hecho, la función FONDO VIRTUAL permite que tu fondo virtual sea casi cualquier cosa. Zoom incorpora una selección de fondos gratuitos, que varían desde el cielo nocturno de una aurora boreal hasta un día soleado en una playa tropical. Además, puedes cargar una foto o cualquier otra imagen que puedas encontrar. Aquí hay una foto de una colega de docente usando un fondo virtual de las Cataratas del Iguazú en Brasil.

Profesora con un fondo virtual

Cambiar tu fondo virtual es realmente muy simple. Haz clic con el cursor a la derecha de la sección INICIAR VIDEO. En el menú, haz clic en ELEGIR FONDO VIRTUAL.

Elegir un fondo virtual

Luego selecciona uno de los fondos virtuales de Zoom o carga el tuyo. Se te preguntará si tienes una pantalla verde o no.

Opciones de fondos virtuales

En realidad, una pantalla verde es exactamente lo que parece: un fondo verde brillante (como el verde lima), que es estándar en la industria de la radiodifusión. Lo que se transmita se mostrará si está en un fondo verde.

¿Por qué verde? Se ha elegido el verde como color preferido porque no coincide con ningún color de piel o cabello, por lo que el altavoz se proyecta con tanta claridad y hacia adelante del fondo, lo que a veces produce un efecto casi tridimensional. Si usas una camisa verde en tu video, entonces tu camisa también tomará el fondo virtual. Sí, parecerás que estás usando palmeras o la Torre Eiffel.

De igual forma puedes trabajar si no tienes una pantalla verde, pero solo si su computadora tiene ciertas actualizaciones, que la mía no tiene.

Desmarca TENGO UNA PANTALLA VERDE. Cada vez que hago esto, recibo este mensaje: "LA COMPUTADORA NO CUMPLE CON LOS REQUISITOS. Para usar un trasfondo virtual sin una pantalla verde, la versión de su Mac OS debe ser 10.13 o superior, y su procesador debe ser un Intel Core i5 con un núcleo cuádruple o mejor ".

Esto es lo que sucede cuando intento usar un fondo virtual de palmeras tropicales sin tener una pantalla verde:

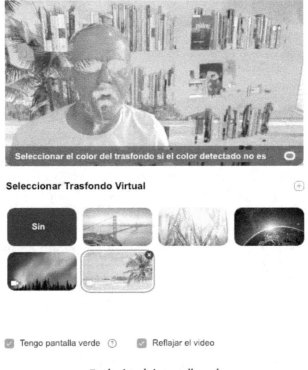

Fondo virtual sin pantalla verde

Asegúrate de probar tu nuevo fondo en una reunión de Zoom antes de usarlo en vivo con los estudiantes. Si hay algún problema, sería bueno saberlo antes de presentarte frente a tus alumnos.

En los casos en que asistí a una reunión de Zoom en la que la computadora del orador permitía un fondo virtual sin una pantalla verde (porque dicha computadora poseía el procesador correcto), noté que a veces su contorno (es decir, su cabeza, cabello o cuerpo) se veían borrosos. Por ejemplo, el hecho de que el contorno de su cabeza estuviese rodeado de palmeras (o lo que fuese la imagen virtual), me pareció que mirarlo durante 15 minutos fue muy molesto.

Asegúrate de probar tu fondo virtual antes de la clase para verificar que tu nueva imagen sea clara y no distraiga. (Puedes hacer una prueba simple invitando a un colega a tu reunión antes de la reunión de clase real).

Otro problema potencial puede ocurrir cuando los estudiantes quieren mostrar objetos al resto de la clase; por ejemplo, durante una presentación del alumno a la clase. En mis entrevistas con personas que están en clases usando Zoom, una estudiante me contó sobre una compañera de clase que intentó mostrar tarjetas para explicar algo durante su presentación virtual, pero la clase no pudo verlas porque estaba usando un fondo virtual. (Ver también parte 7.)

En algunas clases, los estudiantes han empleado fondos inadecuados o inapropiados, por lo que es posible que desees comentar esto en el programa de estudios de la clase o mencionarlo a los estudiantes en un correo electrónico.

PARTE 4

DICTANDO TU CLASE

4.1: ¿DE QUÉ FORMA VOY A DICTAR MI CLASE?

CADA PROFESOR CUENTA con diferentes estilos y enfoques de enseñanza, por lo que la respuesta aquí depende de lo que intentes hacer.

Quieres ...

- ¿Dar una conferencia a toda la clase?
- ¿Dar una presentación en PowerPoint?
- ¿Poner a los estudiantes en pequeños grupos para trabajar en algo? ¿Hacer que los estudiantes completen una hoja de trabajo individualmente? ¿Verificar sus respuestas en parejas o grupos pequeños?
- ¿Hacer que los estudiantes lean algo primero?
- ¿Hacer que los estudiantes presenten algo a toda la clase?

Todas estas acciones y muchas otras se pueden lograr en Zoom y se explican en preguntas separadas en esta parte.

4.2: ¿CÓMO COMIENZO UNA CLASE EN ZOOM?

¿CÓMO COMIENZA un maestro alguna clase? Cuando tus alumnos están en tu sala de Zoom y activas el sonido de tu video y tu micrófono, estás parado frente a ellos virtualmente, algo similar a cómo podrías estar en un aula presencial.

¿Qué haces usualmente para comenzar tus clases?

Esta breve lista incluye acciones de apertura que la mayoría de los profesores podrían hacer, lo cual también es posible en tu nueva clase de Zoom:

- Chequear asistencia
- Hacer un anuncio
- Dar a conocer la agenda de clase del día leyéndola desde una diapositiva de PowerPoint
- Revisar la tarea de ayer
- Hacer una pregunta
- Iniciar un breve diálogo
- Hacer que los estudiantes vean algo (como un artículo de noticias o una foto o una diapositiva de PowerPoint)

4.3: ¿CÓMO CONTROLO/CHEQUEO LA ASISTENCIA?

GENERALMENTE, tienes tres opciones para chequear la asistencia. La opción que prefieras usar dependerá del tamaño de la clase, el tiempo disponible para esta tarea y los objetivos para verificar dicha lista.

Si tu clase no es muy grande, sólo mira los rostros de los estudiantes que estén en tu pantalla, o también puedes mirar sus nombres, que están justo debajo de sus imágenes de video. Si tienes pocos estudiantes, esta opción puede funcionar bien para ti.

Si estás verificando los nombres de los estudiantes debajo de sus imágenes, asegúrate de decirles con anticipación que usen su nombre oficial para su cuenta de Zoom. Esto es importante porque los estudiantes a veces eligen usar un apodo u otra variante.

En Zoom, hay una configuración que permite evitar que los estudiantes intenten cambiar sus nombres. Por razones de seguridad, sólo admito estudiantes cuyos nombres pueda reconocer fácilmente. No dejo que cambien sus nombres porque no los reconoceré, y como consecuencia, no los admitiré en la clase.

En segundo lugar, podrías tomar la asistencia de a uno y hacer que los estudiantes digan "Presente" como lo harían en una clase presencial. El beneficio de este método es que cada estudiante debe encender su micrófono (activar el audio, hablar y luego silenciarlo nuevamente). También es un poco más participativo, aunque consume mucho más tiempo. Dependiendo de lo que estés enseñando, también podrías hacer que los estudiantes interactúen con el material de la clase. Por ejemplo, si tienen una lista de ortografía, puedes hacer que elijan cualquier palabra, la pronuncien en voz alta y la deletreen rápidamente.

Tercero, si tienes una clase grande (tuve 63 estudiantes en mi clase más reciente), estas dos primeras opciones simplemente no son viables, principalmente debido a limitaciones de tiempo. En este caso, una vez que la clase haya concluido, puedes ir a tu cuenta de Zoom y hacer clic en CLASES ANTERIORES. Para cada clase anterior, verás un botón que dice INFORME. Si haces clic en él, puedes obtener un informe que enumerará a todos los estudiantes que asistieron.

Una cosa a tener en cuenta es que si una persona está en clase pero se va (tal vez al perder la conexión a Internet o al hacer clic accidentalmente en el botón equivocado en alguna parte) y regresa, esa persona aparecerá en tu lista dos veces.

Otra opción es combinar dos técnicas. Podrías tener una tarea participativa, como deletrear una palabra en voz alta, pero deja que sólo una parte de la clase lo haga. Por ejemplo, si tengo 80 estudiantes, podría llamar aleatoriamente a 10 de ellos uno por uno y chequear su asistencia haciendo que pronuncien y deletreen una palabra de ortografía en voz alta, pero luego simplemente revisaría el INFORME para controlar la asistencia de los 70 restantes.

Este método mantiene a todos alerta porque no saben si los llamaré ese día, pero al mismo tiempo no requiere una cantidad excesiva de tiempo de clase.

4.4 ¿CÓMO HAGO UN ANUNCIO PARA TODA LA CLASE (POR EJEMPLO, LA AGENDA DE LA CLASE DEL DÍA O LA TAREA DE ESTA SEMANA)?

AL IGUAL que en una clase presencial, hay diferentes formas de hacerlo. ¿Deseas que los estudiantes vean o escuchen la agenda o ambas? Aquí hay algunas posibilidades:

1. Mostrar o compartir en la pantalla una diapositiva de PowerPoint con la agenda del día escrita en ella. (Ver pregunta 4.1.)
2. Escribirla en la pizarra y compartirla con la clase. (Véanse las preguntas 4.10 y 4.11.)
3. Anunciarla tú mismo en voz alta a tus estudiantes en la reunión de clase.
4. Enviar a los estudiantes un correo electrónico con la agenda escrita (en otras palabras, sin Zoom).

4.5 ¿CÓMO PUEDO VER A TODOS MIS ESTUDIANTES EN LA CLASE?

EN CUALQUIER REUNIÓN DE ZOOM, puedes tener diferentes formatos de vista de los participantes. En Zoom, las vistas más utilizadas se denominan galería, altavoz, lado a lado y pantalla completa.

Cuando comienzas una clase, probablemente verás a todos los estudiantes, y sus imágenes serán del mismo tamaño. Esto se llama VISTA DE GALERÍA. La captura de pantalla aquí muestra una vista de galería de una clase de posgrado para profesores de inglés en Turquía para la que fui orador invitado.

Vista de galería de una clase

La vista de la galería puede ser útil cuando la clase comienza por primera vez, pero no es útil para los estudiantes cuando comienzas a enseñar. Quieren ver al orador (a ti), por lo que deben usar la vista del orador. Para hacer esto, los estudiantes deben ir a la esquina superior derecha del área de Zoom de color negro y hacer clic en VISTA DEL ALTAVOZ. Esto mostrará una imagen grande del orador e imágenes más pequeñas de algunos de los estudiantes cerca de la parte superior de la pantalla.

Es importante saber que la vista del orador es la imagen de quien habla o hace más ruido. Por lo tanto, si un estudiante hace una pregunta en medio de una conferencia, la imagen de ese estudiante aparecerá en lugar de la imagen del profesor. Además, si un estudiante tose ruidosamente con el micrófono encendido, se mostrará su imagen.

Hay dos formas de prevenir esto. Una de ellas es silenciar el micrófono de todos, pero esto significará que los estudiantes deberán activar sus micrófonos para poder hablar. Alternativamente, los estudiantes deben hacer clic derecho en su imagen en la parte superior de la pantalla, lo que hará que su imagen sea la más grande en la pantalla para el resto de la clase.

Después de esto, si muestras una presentación en PowerPoint o una pizarra al compartir tu pantalla, la computadora del estudiante mostrará automáticamente tu imagen y el PowerPoint o la pizarra como dos rectángulos de igual tamaño uno al lado del otro. En Zoom, esta vista se llama LADO A LADO. Los estudiantes pueden deslizar la barra vertical entre las dos imágenes hacia la izquierda o hacia la derecha para hacer que una imagen sea más grande que la otra.

Si los estudiantes quieren ver la presentación como la pantalla principal y tienen al profesor y a los compañeros de clase como imágenes más pequeñas, deberán hacer clic en VER OPCIONES en el centro superior de la pantalla. Diles que desmarquen MODO LADO A LADO.

¿Qué puede salir mal aquí? Una de las situaciones más comunes es cuando los estudiantes tocan demasiados botones y terminan en MODO DE PANTALLA COMPLETA. Cuando esto sucede, el área de chat y el área de controles aparecen como cuadros flotantes en la parte superior del altavoz. Esto puede ser molesto si estás intentando seguir la presentación. Los estudiantes pueden salir de esta vista haciendo clic nuevamente en OPCIONES DE VISTA y saliendo del modo de pantalla completa.

4.6: ¿CÓMO PUEDO HACER UNA PREGUNTA A TODA LA CLASE Y QUE LOS ESTUDIANTES RESPONDAN?

DICTO un curso para futuros profesores de inglés en el que analizamos la gramática del idioma, incluidos los sufijos. Frecuentemente planteo a la clase preguntas o problemas de lenguaje para resolver. Por ejemplo, al estudiar que no todas las palabras que terminan en -ing son verbos, podría asignar esta tarea: el sufijo -*ing* puede ser tres partes diferentes del discurso. Identifiquen estos tres y den dos ejemplos para cada uno.

También podría pedirles a los estudiantes que escriban sus respuestas en el cuadro de chat, pero esto podría parecer más un cuestionario emergente que una tarea de aprendizaje. Quiero que esta sea una oportunidad de aprendizaje, por lo que es más probable que les pida a mis alumnos que trabajen en grupos para presentar sus respuestas y luego discutir sus soluciones.

Para lograr esto, emplearía la función SALA DE VIDEOS PARA GRUPOS PEQUEÑOS para poner a los estudiantes en grupos, darles una cantidad de tiempo establecida (pero advertirles con anticipación el límite de tiempo exacto) y luego llevar a todos de vuelta al aula principal. Seguidamente, podríamos compartir respuestas, con los estudiantes usando la función LEVANTAR LA MANO (ver pregunta 4.7), siendo llamados (por mí), y activando sus micrófonos para poder hablar.

Podría pedirles a los estudiantes que usen la función LEVANTAR LA MANO para indicar que desean dar la respuesta, en cuyo caso, no silenciarían sus micrófonos y hablarían.

A veces quiero hacer una pregunta más desafiante para resolver problemas. Utilizando el mismo tema, podría pedirles a mis alumnos que identifiquen la parte del discurso de las tres palabras en esta oración: "La tecnología de radar moderna es necesaria para informar sobre el buen clima para que podamos conocer rápidamente cualquier tormenta eléctrica que pueda estar creciendo en nuestro entorno". Como esta pregunta es más larga, escribiría esto en una diapositiva de PowerPoint (consulta la pregunta 4.10), en un documento de Word o en la pizarra (consulta las preguntas 4.10 y 4.11) para mostrar a los estudiantes antes de que se agrupen en las salas de videos para grupos pequeños.

Desafortunadamente, cuando los estudiantes están en las salas para grupos pequeños, ya no pueden ver al profesor ni nada que esté en el aula principal a menos que les envíe un mensaje a todos. Por lo tanto, es importante que los estudiantes usen sus teléfonos para tomar una foto de esta pregunta.

Alternativamente, podría poner esta pregunta en una página de nuestro curso de Canvas, en una Página Wiki (Wikipage) o en un Google Doc, y luego enviar el enlace a los estudiantes. Este tipo de pregunta es importante en mis clases, y deseo que los estudiantes trabajen en grupos pequeños para encontrar la respuesta y que dialoguen a lo largo del proceso.

4.7: ¿CÓMO HACEN LOS ESTUDIANTES PARA PREGUNTAR?

HAY diferentes formas en las cuales los estudiantes pueden hacer una pregunta. Creo que es importante que elijas la forma (o formas) que deseas que use tu clase y luego expliques esto a tus alumnos al principio del curso.

Si tu clase es pequeña y manejable, puedes dejar que los estudiantes activen sus micrófonos en cualquier momento y simplemente comiencen a hablar. Aunque es un poco complicado porque si estás hablando, entonces ellos tendrán que intentar averiguar cuándo es el mejor momento para hacer una pregunta. . Dos personas no pueden hablar simultáneamente o superponerse en Zoom (como pueden hacerlo en una clase real), entonces cuando el estudiante comienza a hablar, te interrumpirá. El estudiante puede hacer una pausa, sin saber si continuar o no, y luego puede no darse cuenta de que hay una pregunta y comenzar a hablar nuevamente. Este problema se agrava aún más cuando no puedes ver quién hace la pregunta. Oyes una voz pero no ves la boca de nadie moviéndose. Si la clase es pequeña, esto puede no ser un problema.

Otra posibilidad es que los estudiantes usen la función LEVANTAR LA MANO en Zoom.

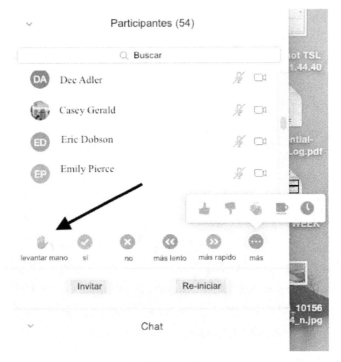

Botón de levantar la mano

Al hacer clic en este botón, aparecerá un símbolo de mano en la esquina superior izquierda de tu foto para ayudarte a identificar quién está haciendo una pregunta.

Les pido a mis alumnos que usen esta función. También les pido que escriban cualquier pregunta que tengan en el cuadro de chat.

4.8: ¿CÓMO USO LAS SALAS PARA QUE LOS ESTUDIANTES PUEDAN TRABAJAR EN PAREJA O EN GRUPOS PEQUEÑOS?

EN CUALQUIER AULA, los estudiantes interactúan con la información. Algunas veces esta interacción es entre los estudiantes y el profesor (toda la clase), entre un estudiante y la información (leer un pasaje o completar una hoja de trabajo), o entre dos o más estudiantes (trabajo en grupo).

¿Cómo se logra el trabajo grupal en Zoom? Zoom tiene una gran característica llamada SALAS DE VIDEO PARA GRUPOS PEQUE-ÑOS, que permite dividir a los estudiantes en grupos más pequeños. Puedes encontrar el botón para esto en la barra inferior de la pantalla Zoom. (Si no ves un botón separado, elige MÁS para encontrarlo en ese menú oculto).

Opción sala de video para grupos pequeños en la barra de menú

¿Cuántos grupos deberías crear? Al igual que con cualquier clase, ya sea en persona o en línea, debes pensar cuántos estudiantes quieres en un grupo. En mi opinión, los grupos de clase en línea deberían ser más pequeños. Discutir algo juntos en línea es más complicado que en un entorno presencial porque varias personas no pueden intentar hablar al mismo tiempo y porque no tenemos las señales del lenguaje corporal que indiquen quién podría querer hablar a continuación o quién podría estar de acuerdo (o no estar de acuerdo) contigo cuando dices algo. Sólo averiguar quién va a hablar a continuación lleva más tiempo. Incluso tratar de interrumpir para dirigirte al grupo toma más tiempo. ¡Usa grupos más pequeños!

El tamaño ideal de mi grupo es de 3 o 4 estudiantes. Nunca pondría más de 4 en un grupo Zoom por dos razones importantes. Primero, encuentro que cuando hay más de 4 en un grupo, es demasiado fácil para uno o dos estudiantes permanecer callados y no participar. En segundo lugar, Zoom no permite que las personas hablen al mismo tiempo. Cuando dos o más voces son audibles, Zoom permite que una hable y corta a las otras. Los demás, sin embargo, no se dan cuenta de que su voz ha sido cortada. Grupos más pequeños hacen que las discusiones significativas sean mucho más posibles.

Mi última clase tuvo 60 estudiantes que asistieron regularmente. Si pongo 4 en un grupo, eso significa que necesito 15 grupos (15 x 4 = 60). Si quiero 3 en un grupo, necesitaré 20 grupos.

¿Qué pasa si tu número total de estudiantes no se puede dividir fácilmente por 3 o 4? Divide entre el tamaño de grupo deseado (3 o 4) y luego redondea hacia abajo. Si tienes 19 estudiantes y quieres grupos de 3, entonces divide 19 entre 3. La respuesta es 6.3, por lo tanto, redondea a 6. Si eliges seis grupos, tus 19 estudiantes se dividirán de la siguiente manera: 3-3-3- 3-3- 4. Sí, un grupo tendrá 4. (Alternativamente, si no quieres 4 en el grupo, puedes crear dos pares: 3-3-3-3-3-2-2.)

Los profesores experimentados pueden poner a los estudiantes en grupos en cuestión de segundos en una clase presencial, y con la práctica, también serán buenos para hacerlo en Zoom.

En Zoom, poner a los estudiantes en grupos se puede hacer más rápido y de manera más eficiente que en una clase presencial. Hay dos opciones: AUTOMÁTICAMENTE y MANUAL. Siempre selecciono AUTOMÁTICO y sólo indico el número de aulas.

Esta captura de pantalla muestra 0 porque no hay estudiantes en la sala en este momento, pero mi clase diría 60. Luego establecería el número de aulas en 15 (que sería un máximo de 4 estudiantes por aula) ó 20 (que sería un máximo de 3 estudiantes por aula). Establece el número de aulas, y Zoom las asignará automáticamente a tus estudiantes al azar.

Asignación de estudiantes a las salas de video para grupos pequeños

Si eliges MANUALMENTE, verás tu lista de estudiantes y podrás agruparlos como desees. Para 60 estudiantes, eso lleva demasiado tiempo. Sin embargo, en grupos más pequeños, puedo usar

MANUALMENTE para asegurarme de que tengo estudiantes fuertes con estudiantes débiles, etc.

Ya sea AUTOMÁTICAMENTE o MANUALMENTE, cuando haces clic en CREAR SALAS DE DESCANSO, todos los estudiantes desaparecerán repentinamente de la sala principal. Luego pueden recibir un mensaje invitándolos a una sala de reuniones, que deben aceptar.

En este punto, deberías ver una lista de todos tus alumnos por aula, como "Sala 1: María Acevedo, Matthew Hines, Lucas Carmona. Sala 2: …"

Ahora, mientras tomas asiento en tu clase sin estudiantes, también verás que tienes tres opciones para lo que puede suceder a continuación.

BROADCAST te permite enviar un mensaje a todos los estudiantes, como "Asegúrense de considerar los pros y los contras de este evento".

Unirse a las salas individuales de grupos pequeños te permite saltar de una sala a otra para ver cómo va la discusión. (Ten en cuenta que hay un ligero retraso entre el momento en que ingresas a una sala y los estudiantes se percaten de tu presencia, por lo que verás de inmediato si están trabajando o no).

CERRAR te permite cerrar todas las salas para que los estudiantes vuelvan al aula principal. Cuando haces clic en CERRAR, las salas no se cierran inmediatamente; en cambio, aparece un temporizador de 60 segundos para cada grupo y comienza la cuenta regresiva. (Puedes ajustar este temporizador a menos de 60 segundos, pero esa es la configuración predeterminada). Los estudiantes pueden salir de la sala antes de esto, pero cuando el temporizador llega a cero, todos vuelven inmediatamente al aula principal.

Mi clase tenía 60 estudiantes, por lo que es fácil dividir 60 entre 3 (= 20 salas) o entre 4 (= 15 salas), pero ¿qué sucede si tengo 55 estudiantes? Si elijo 20 salas, 15 tendrán 3 estudiantes (= 45) y 5 salas tendrán solo 2 estudiantes (= 10). El punto principal aquí es que ingresa el número de salas y luego Zoom automáticamente hará las asignaciones de salas por ti.

Como profesor, puedes ver fácilmente todas tus salas de grupo y los estudiantes que están en cada una de ellas. También puedes ver cuánto tiempo han estado los estudiantes en sus salas de reuniones.

∨ **Sala 1**

BF Brianna Fenn

KF Keith Folse

MD Mohamad Deeb

RT Rachel Taylor

∨ **Sala 2**

GH Gina Hartley

MF Michael Firsten

PN Paul Nicholson

∨ **Sala 3**

BH Bethany Hill

H Hillary thomas

SN Sam Nicholson

HN Hector Navarro

∨ **Sala 4**

er Eric Robinson

JR Jill Rodriguez

Lista de salas con estudiantes para el profesor

Cuando los estudiantes estén en sus salas de reuniones, no podrán comunicarse contigo. Sin embargo, hay un botón SOLICITAR AYUDA, que es una solicitud para que vayas a esa sala para ver con qué necesitan ayuda. Siempre hay un área de chat configurada, ya sea que te encuentres en el aula principal o en una sala de reuniones, pero esas son áreas de chat diferentes.

Un estudiante en una sala de grupo diferente no puede llamar la atención del profesor escribiendo "Maestro, ayúdenos" en el área de chat porque solo las personas en esa sala de grupo pueden ver dicha área.

Una cosa muy importante para tener en cuenta es que los estudiantes no pueden ver al profesor ni a nadie ni nadi más desde el aula principal cuando están en sus nuevas salas de grupos pequeños. Una sala tendrá las imágenes de los 3 o 4 estudiantes que están en la sala y eso es todo. Si comenzaste la tarea con un problema o una pregunta en la pizarra de la clase o en una diapositiva de PowerPoint, los estudiantes no podrán ver esto una vez que estén en sus salas de reuniones.

Hay algunas formas diferentes de solucionar esto. Si la pregunta es breve, puedes copiarla (o parte de ella) y pegarla en el cuadro de chat, que los estudiantes individuales pueden copiar y luego pegar en el cuadro de chat en su nueva sala de reuniones. En otras palabras, delega esta responsabilidad a ellos.

Otra posibilidad es poner la pregunta en un Google Doc y compartir ese enlace a la clase en la sala de chat, que podrán abrir en su computadora para consultar si lo necesitan.

Finalmente, también podrías pedirles a los estudiantes que tomen una foto de la pregunta o imagen para su propia referencia. Estas tres posibilidades funcionan bien siempre que los estudiantes no intenten ver la clase en sus teléfonos celulares porque es muy difícil alternar entre pantallas y sitios en una pequeña pantalla de equipo móvil.

Aquí hay un ejemplo de una tarea de discusión que uso con mis alumnos, que se presenta en una diapositiva PPT, ya que trabajan en grupos pequeños:

Today's English Class Question

LESSON: is/are   **SUBJECT:** geography
1. Manila (is , are) a city in the Philippines.
2. Bolivia and Peru (is , are) in South America.

YOUR ESL STUDENT ASKS YOU:
"Teacher, Why Does Philippines Have THE?
Bolivia and peru are countries, so where is THE?"

Ejemplo de una tarea de discusión (en inglés)

Para esta tarea, también podrías pedirle a un alumno que resuma la pregunta antes de ir a los grupos pequeños con la esperanza de que sus palabras se recuerden mejor cuando están conversando en los grupos.

Si deseas volver a poner a los estudiantes en grupos, existe la opción RECREAR GRUPOS. Sin embargo, debido a que es aleatorio, es posible que aún tengas algunos estudiantes con los mismos compañeros. Para garantizar diferentes grupos, puedes mover manualmente a los estudiantes hacia abajo de cada grupo, es decir, mover a un estudiante de A a B, luego mover a un estudiante de B a C, etc. Algunos maestros toman una captura de pantalla de los primeros grupos para asegurarse de que los estudiantes no estén accidentalmente en el mismo grupo la segunda vez.

4.9: ¿QUÉ SON LAS ENCUESTAS (POLLS) EN ZOOM?

EN ZOOM, una muy buena manera de mantener interactiva tu reunión de clase en línea y evaluar a tus estudiantes antes, durante o después de una presentación es con ENCUESTAS (POLLS). Esta característica te permite sondear a tus alumnos sobre un tema, y luego los alumnos pueden responder y ver los resultados en forma visual, como un gráfico de barras. En mis entrevistas con los estudiantes (ver pregunta 7.1), informaron que les encantaban las encuestas, pero también dijeron que gran número de sus profesores no las usaban.

Hay dos cosas que debes saber sobre las encuestas: cómo crear una encuesta y luego cómo iniciar (comenzar) una en tu clase.

Para crear una encuesta, vé a REUNIONES y haz clic en tu reunión de clase programada. (Si aún no haz creado uno, házlo ahora). Inicia la clase.

En la barra de menú de opciones, selecciona ENCUESTA.

Barra de herramientas mostrando la opción Encuestas

Luego verás una pantalla emergente que te permitirá agregar una pregunta a la encuesta, así que haz clic en AGREGAR UNA PREGUNTA.

Agregar pregunta

A continuación, aparecerá una pantalla con este mensaje "Editar encuestas de reuniones". Haz clic en AGREGAR.

Editar encuestas

Una encuesta de Zoom puede tener varias preguntas. Me gusta limitar cualquier encuesta a tres preguntas porque parece un buen tiempo máximo para cierta interacción antes de volver a la conferencia u otras tareas. Sin embargo, muchas de mis encuestas son sólo preguntas individuales. Puedes crear varias encuestas para usar durante una reunión de clase, así que asegúrate de nombrar cada una con un título que te ayude a saber cuál mostrar en primer lugar.

Cuando hagas clic en AGREGAR, tendrás la oportunidad de ingresar un título para tu encuesta en el primer cuadro y construir tu primera pregunta. Elige ANÓNIMO si no estás interesado en las respuestas individuales de los estudiantes, sino sólo en los totales del grupo. Escribe tu pregunta en el cuadro de preguntas y luego decide si sólo tendrá una o varias respuestas posibles. Luego agrega las posibles respuestas a tu (primera) pregunta de opción múltiple. (Si deseas agregar otra pregunta, hazlo ahora haciendo clic en AGREGAR UNA PREGUNTA).

Creando preguntas en las encuestas de Zoom

En clase, antes de comenzar con nuestro tema de "Partes del discurso", siempre hago una encuesta para ver lo que ya saben y hacer el tema del día más interesante y participativo. Para lograr esto, creé una encuesta y la llamé "ANTES de las partes del discurso", que claramente me dice que es la encuesta que debo usar antes de comenzar la lección del día.

Crear Encuesta   ✕

Gramática

☑ Anónimo   ⑦

1.

What parts of speech are considered "open categories" because they easily allow new words to be added?

○ Una Respuesta   ◉ Multiples Respuestas

nouns

pronouns

verbs

adjectives

adverbs

prepositions

conjunctions

Interjections

Respuesta 9 (Opcional)

Respuesta 10 (Opcional)

Eliminar

+ Agregar una Pregunta

Guardar   Cancelar

Ejemplo de una encuesta y sus respuestas

Solo utilicé 8 de los 10 espacios de respuesta posibles. Cuando hago clic en GUARDAR, estos espacios de respuesta adicionales desaparecerán.

Una encuesta formateada lista para ser lanzada

Cuando estés listo para usar esto en clase, simplemente haz clic en LANZAMIENTO. La pregunta se hará en vivo para que la completen tus alumnos. Aparecerá un contador de tiempo en la esquina superior derecha que indicará el tiempo transcurrido.

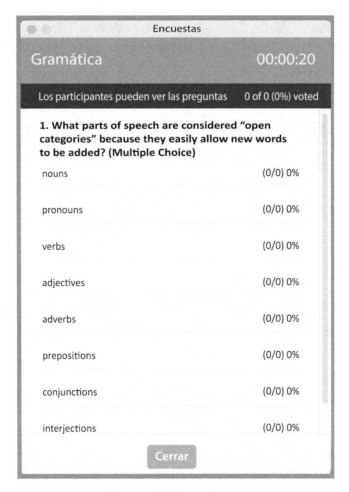

Dentro de la imagen:

Encuestas

Gramática   00:00:20

Los participantes pueden ver las preguntas   0 of 0 (0%) voted

1. What parts of speech are considered "open categories" because they easily allow new words to be added? (Multiple Choice)

nouns   (0/0) 0%

pronouns   (0/0) 0%

verbs   (0/0) 0%

adjectives   (0/0) 0%

adverbs   (0/0) 0%

prepositions   (0/0) 0%

conjunctions   (0/0) 0%

interjections   (0/0) 0%

Cerrar

Una encuensta Zoom en progreso

Después de cada opción de respuesta, puedes ver cuántos estudiantes han elegido la suya. Si un estudiante elige sustantivos, dos estudiantes eligen pronombres y cuatro eligen verbos, entonces verás 1/7 después de los sustantivos. 2/7 después de los pronombres y 4/7 después de los verbos.

Cuando creas que los estudiantes han tenido tiempo suficiente para terminar, haz clic en FINALIZAR ENCUESTA. Esto evitará que los estudiantes respondan cualquier otra cosa. Tu último paso es hacer clic en COMPARTIR RESULTADOS, que permite a todos los estudiantes ver los resultados de la encuesta.

Encuesta 1: Dónde quieres enseñar? Editar

Poll closed   12 voted

1. Cuales son tus 3 destinos preferidos para enseñar?

No quiero salir de mi país, pero gracias :-)	(0/12) 0%
Japón	(7/12) 58%
Corea del Sur	(6/12) 50%
China	(2/12) 17%
Otro país en Asia	(4/12) 33%
España	(4/12) 33%
Otro país en Europa	(5/12) 42%
Arabia Saudita	(3/12) 25%
Otro país en el Medio Orente	(1/12) 8%
América Latina	(3/12) 25%

Compartir Resultados   Lanzar De Nuevo

Compartir resultados de la encuesta

Aquí hay un ejemplo de una encuesta en progreso. Los estudiantes sólo ven las preguntas y las opciones de respuestas. Sin embargo, a medida que todos responden, yo como profesor veo resultados dinámicos que cambian cada vez que un estudiante registra una respuesta. En otras palabras, veo un gráfico en vivo de las respuestas registradas.

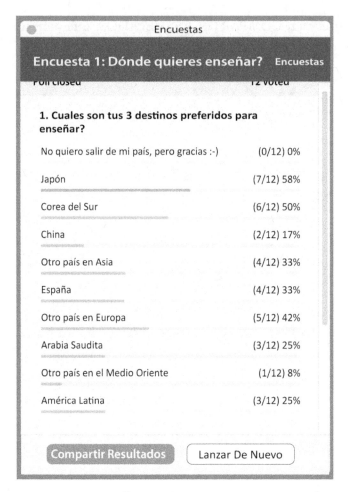

Una encuesta en progreso

Cuando estés satisfecho con que la mayoría de los estudiantes hayan respondido la encuesta, ciérrala y luego COMPARTE LOS RESULTADOS. La respuesta más frecuente aparecerá en un color diferente.

Cuando hayas terminado con esta pregunta, selecciona DETENER COMPARTIR y la encuesta habrá concluido.

2. Cuál frase describe el grupo de estudiantes que prefieres enseñar?

No creo que voy a salir del país   (1) 8%

Prefiero trabajar con adultos   (3) 25%

Prefiero trabajar con estudiantes en la secundaria   (2) 17%

Prefiero trabajar con estudiantes en la primaria   (5) 42%

Prefiero trabajar con estudiantes muy jóvenes (kinder)   (1) 8%

Dejar de Compartir

Finalizar encuesta

Las encuestas son una excelente manera de mantener la clase interactiva. Un pequeño truco para aumentar el interés de los estudiantes y luego motivarlos es hacerles predecir cuál creen que será la respuesta principal antes de enviar sus propias conclusiones. Puedes otorgar un punto de bonificación o simplemente dar un reconocimiento a los estudiantes que predijeron la respuesta correctamente.

4.10: ¿CÓMO MUESTRO UN POWERPOINT (PIZARRA CON ZOOM, DOCUMENTO DE WORD, PDF, SITIO WEB, ETC.) A TODA LA CLASE?

UNA DE LAS acciones más comunes de los profesores es presentar información a toda la clase. Algunas veces esto se hace escribiendo en una pizarra, mediante una presentación en PowerPoint, reproduciendo un video, examinando un sitio web o repasando un escrito que se ha proyectado en una pantalla.

Zoom te permite hacer todas estas mismas cosas utilizando el botón COMPARTIR, una función que te permite compartir cualquier cosa que esté en tu pantalla. Los dos pasos básicos son (1) abrir tu documento PPT, Word, o PDF o página web que deseas mostrar, (2) COMPARTIR PANTALLA.

Por ejemplo, para presentar un PowerPoint, abre el documento. Luego haz clic en el botón COMPARTIR PANTALLA, que se encuentra en la barra de opciones.

Opción de compartir pantalla en la barra de herramientas

Seguidamente, verás una lista de todo lo que podrás compartir, incluyendo cualquier otro documento que hayas abierto. Selecciona la imagen de tu PowerPoint porque eso es lo que deseas compartir. El borde de la imagen que selecciones se volverá verde. Luego selecciona COMPARTIR, y toda la clase podrá ver tu PPT. Cuando hayas concluido, habrá un botón rojo que dirá DEJAR DE COMPARTIR. Cuando toques este botón, tu pantalla dejará de ser compartida y la clase te verá mientras te diriges a ella.

Este mismo proceso funciona para cualquier cosa que desees compartir, incluidos los documentos de Word, la pizarra de Zoom, un PDF, un video o un sitio web.

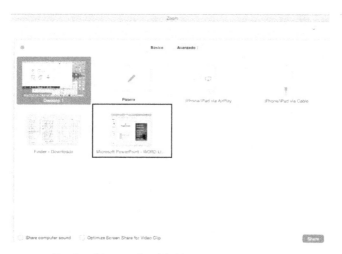

Elije el archivo o aplicación de escritorio que deseas compartir

4.11: ¿QUÉ TAL ESCRIBIR EN UNA PIZARRA?

ZOOM TIENE una pizarra que es muy fácil de usar. Los estudiantes en las clases informaron que les gustaban las lecciones con explicaciones acompañadas de pasos visuales en la pizarra dadas por el maestro.

Para acceder a la pizarra, comienza compartiéndola con toda la clase. En la barra de opciones debajo de la pantalla Zoom (tu pantalla), selecciona COMPARTIR PANTALLA.

Luego verás una lista de todo lo que podrás compartir, incluida la pizarra y cualquier otra cosa que hayas abierto, como un PPT o un video. Selecciona PIZARRA y luego COMPARTIR. Ahora estás listo para escribir sobre ella.

La opción de compartir pantalla de la barra de herramientas

En Zoom, el marcado en la pizarra se llama anotación, y lo haces con las HERRAMIENTAS DE ANOTACIÓN de Zoom. Aquí hay un ejemplo de una pizarra que he marcado con algunas de las herramientas de anotación. En esta captura de pantalla, el menú de herramientas está encima de la pizarra, pero como con la mayoría de los menús de Zoom, puedes moverlo a otra parte de la pantalla si así lo deseas.

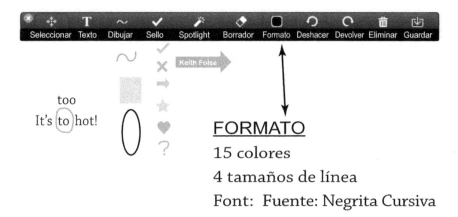

Herramientas de la pizarra

SELECCIONAR te permite seleccionar cualquier anotación y moverla. Por ejemplo, podrías mover el sello del corazón haciendo clic en seleccionar, luego en el corazón y luego arrastrándolo a una nueva ubicación.

TEXTO crea un cuadro de texto donde puedes insertar texto. Por ejemplo, "¡Hace demasiado calor!" es un cuadro de texto, mientras que "mucho" es otro.

DIBUJAR te ofrece 6 opciones para dibujar y 6 opciones para iluminación alta. Para mí, la herramienta de dibujo más útil es la línea ondulada, que te permite escribir o dibujar lo que quieras. En la pizarra de ejemplo, la usé para rodear "a". Yo equiparo esto con el dibujo a mano alzada.

SELLO te da 6 opciones. Me gusta la marca de verificación y la marca X para indicar información correcta e incorrecta.

SPOTLIGHT te permite llamar la atención sobre algo en tu pizarra. Mi herramienta de foco favorita es la flecha porque tiene tu nombre automáticamente, por lo que los estudiantes saben que estás indicando que cierta información es importante.

BORRADOR borra.

FORMATO te permite usar 15 colores, 4 anchos de línea y 3 características de fuente (negrita, cursiva, tamaño).

DESHACER te permite cambiar lo último que hiciste, como una letra que escribiste o un símbolo que moviste. Eliminará la letra y moverá el símbolo a su ubicación anterior. Este es el equivalente a usar el atajo del teclado *command + z* en Word.

DEVOLVER ("REDO") Devuelve las cosas a cómo estaban. Esto es equivalente a usar el *comando + y* en Word.

ELIMINAR ("CLEAR") eliminará las anotaciones.

GUARDAR te permite guardar tu pizarra como la ves en ese momento. Se guardará como un archivo PNG y se almacenará en la carpeta Zoom llamada whiteboard.png. Algunos estudiantes pueden recibir un archivo con dicha extensión.

Muchos profesores que entrevisté para este libro me dijeron que usan la pizarra en colaboración, es decir, también permiten que los estudiantes escriban en ella. En particular, los profesores con estudiantes más jóvenes me han comentado que sus clases fueron mucho más interactivas una vez que se introdujo esta herramienta a la clase y también se les permitió dibujar.

4.12: ¿CÓMO MUESTRO UN VIDEO (DE YOUTUBE, POR EJEMPLO)?

MOSTRAR un video corto en Zoom es fácil. Es similar a mostrar un PPT o la pizarra. Siempre me gusta abrir el video primero y luego pausarlo. Haz clic en COMPARTIR PANTALLA en su barra de opciones.

Selecciona compartir pantalla desde la barra de herramientas

Selecciona el escritorio (porque allí es donde tu navegador y el video están esperando). Haz clic en la casilla de verificación en la parte inferior izquierda que dice COMPARTIR SONIDO DE COMPUTADORA; esto permitirá a los estudiantes escuchar el sonido de tu equipo.

Soy muy meticuloso de usar muchos videos en una clase de Zoom porque mi tecnología tiene que funcionar bien y mis alumnos necesitan una buena conexión a Internet, lo cual no es un hecho. Por lo tanto, recomiendo encarecidamente probar cualquier video antes de presentarlo en tu clase.

Además, si vas a mostrar un video en una clase, deberías probarlo con los estudiantes en la reunión anterior para ver cuántas personas pueden verlo y escucharlo sin interrupciones o retrasos importantes. Recuerda que sólo porque tu puedes ver bien el video no significa que los estudiantes tengan automáticamente la misma calidad de sonido o video.

4.13: ¿CÓMO PUEDO INCLUIR JUEGOS COMO KAHOOT!, QUIZLET, JEOPARDY, Y OTRAS ACTIVIDADES Y JUEGOS EN LÍNEA?

CUALQUIER COSA que pueda hacer un profesor para aumentar la motivación del estudiante y la interacción en clase siempre es bienvenida, pero tal vez sea aún más importante en una clase en línea. Para lograr esto, muchos profesores incluyen juegos como Kahoot!, Quizlet y otras actividades de juegos en línea.

Puesto que Kahoot! es un juego muy popular entre muchos profesores, te lo explicaré con algunos detalles aquí. Otros juegos deben seguir instrucciones similares.

Vas a abrir dos cosas: una reunión de la clase Zoom y un juego de Kahoot! Puedes abrir cualquiera de los dos primero, pero voy a sugerir que configures primero tu clase de Zoom.

Para una clase de Zoom que tendrá Kahoot!, asegúrate de elegir CON VIDEO ENCENDIDO cuando configures tu reunión de clase de Zoom. Además, asegúrate de que el video anfitrión esté ENCENDIDO pero el video de los participantes esté APAGADO.

Ahora inicia sesión en Kahoot! Crea o selecciona una prueba existente. Haz clic en jugar.

Haz clic en enseñar. Selecciona las opciones de juego que prefieras. Elige clásico. Ahora puedes ver un PIN de juego. Este es el pin para tu juego de Kahoot!

Una vez que tus alumnos estén en la reunión de Zoom, explícales que van a participar en un juego. Tendrán que ir a **kahoot.it** para ingresar al juego, lo que pueden hacer desde otra ventana en su navegador o desde un segundo dispositivo como su teléfono o iPad.

Algunos estudiantes prefieren usar un segundo dispositivo porque encuentran confuso alternar entre la pantalla Zoom y Kahoot! Sin embargo, algunos estudiantes informan que no pueden ver las preguntas en las pantallas de sus dispositivos más pequeños, así que ten en cuenta que esto puede ser un problema la primera vez que juegues Kahoot! en tu clase en línea.

Selecciona COMPARTIR PANTALLA.

Selecciona compartir pantalla desde la barra de herramientas

Selecciona el juego Kahoot! y compártelo con tu reunión de clase Zoom. Los estudiantes ahora verán la información del juego el Kahoot! Deberán ir a *kahoot.it* e ingresar el código PIN. Una vez que los estudiantes estén en el sitio del juego, deberás comenzar a jugar.

Por lo general, es una buena idea hacer que la primera pregunta sea extremadamente fácil y hacerlo juntos para que todos los estudiantes sepan cómo participar en el juego y puedan acceder a todo lo que necesiten.

Debido a que no me gustan las sorpresas en ninguna de mis clases, recomiendo probar todo con una pregunta o dos en una reunión de clases antes de intentar jugar un juego completo en la próxima aula.

Si usas Canvas, puede insertar el juego Kahoot! o cualquier enlace de juego interactivo en la opción de enlace externo. Luego deberás decirles a los estudiantes el código para ingresar al juego. Otros sistemas de gestión del aprendizaje probablemente funcionan de manera muy similar.

4.14: ¿CÓMO PRESENTAN SU TRABAJO A LA CLASE LOS ESTUDIANTES (O GRUPOS)?

A VECES los estudiantes también necesitan presentar información para que la clase la vea. Los ejemplos pueden incluir cuándo se desea que los estudiantes resuelvan un problema de matemáticas en el pizarrón, analicen las palabras en una oración para una parte del discurso o hagan un discurso usando imágenes como diapositivas de PowerPoint.

Por defecto, cualquier estudiante en una reunión puede compartir su pantalla, lo que significa un PPT, la pizarra, un documento o un video. Los pasos que debe seguir un estudiante son los mismos pasos para que los maestros compartan su pantalla. (Ver pregunta 4.10.)

A veces, el profesor no quiere que los alumnos puedan compartir su pantalla. En GESTIÓN DE PARTICIPANTES, el profesor puede configurar la reunión de clase para que los estudiantes no puedan hacerlo. Esta opción podría ser buena para una clase de jóvenes estudiantes o estudiantes disruptivos para que no puedan compartir imágenes inapropiadas con toda la clase.

4.15: ¿PUEDO USAR ZOOM PARA ASIGNAR Y RECIBIR TAREA?

SÍ, ciertamente puedes asignar tarea en tu clase de Zoom; pero no, no puedes usar Zoom para recopilarla.

Puedes asignar la tarea como lo haces con cualquier clase tradicional presencial simplemente diciéndoles a tus estudiantes la tarea: "Clase, hagan la Actividad 27 en la pág. 110 como tarea esta noche". Al igual que en una clase presencial, también puedes escribirla en la pizarra, en el cuadro de chat o en una diapositiva PPT en tu clase Zoom.

Zoom es un programa de videoconferencia en línea que te permite reunirte con tus estudiantes sincrónicamente desde diferentes lugares. Zoom no es un sistema de gestión de aprendizaje, por lo que no hay lugar para enviar tareas de ningún tipo.

Si estás dando clases en línea, los estudiantes pueden enviar sus tareas en su sistema de gestión de aprendizaje o tal vez por correo electrónico.

En mis clases, uso Canvas para este trabajo asincrónico y Zoom para nuestras reuniones de clases sincrónicas. Las tareas y los cuestionarios se realizan en Canvas, pero uso Zoom para conferencias y tareas vivenciales.

4.16: ¿PUEDO USAR ZOOM PARA HORAS DE OFICINA?

SÍ, puedes hacer horas de oficina en Zoom muy fácilmente simplemente creando una nueva reunión (reunión de clase). Para mis clases, creo una nueva reunión de clase llamada "Horario de oficina".

Los pasos para crear una nueva reunión se detallan en la pregunta 3.5. Crear una reunión llamada "Horario de oficina" sigue exactamente los mismos pasos.

Ten en cuenta que un enlace para "Horas de oficina" que crees para tu clase estará abierto a todos los estudiantes. Por lo tanto, es muy importante que establezcas una sala de espera para que los alumnos esperen antes de que sea su turno de hablar contigo. Mientras los otros estudiantes están en la sala de espera, puedes enviarles un mensaje para decirles cuánto tiempo más estarás con el estudiante actual, y cualquier otra información importante, antes de poder reunirte con ellos.

PARTE 5

EVALUANDO ESTUDIANTES

5.1: ¿CÓMO DOY UN EXAMEN EN ZOOM?

ZOOM NO ES un sistema de gestión de aprendizaje, por lo que no hay cuestionarios o pruebas como tales en Zoom.

Si estás dictando un curso con un sistema de gestión de aprendizaje (LMS) como Canvas o Blackboard, puedes crear fácilmente pruebas en línea con preguntas de opción múltiple, completar el espacio en blanco o de ensayo. Zoom no puede hacer esto. Sin embargo, lo que no puedes hacer fácilmente en cualquier LMS es evaluar la actuación en vivo de un estudiante frente a otros, incluso si se trata de una presentación en vivo virtual, por lo que esta es un área donde Zoom es quizás mejor.

Si deseas evaluar la capacidad de tus alumnos para dar una presentación coherente y organizada con imágenes pertinentes (como con diapositivas PPT), Zoom puede hacerlo. Los estudiantes pueden preparar sus presentaciones con anticipación y luego presentarlas a toda la clase compartiendo su pantalla con sus imágenes mientras dan su charla. El público puede ver tanto las imágenes como a los estudiantes.

He visto a profesores hacer esto en Canvas y Blackboard, pero esas no eran presentaciones en vivo. En cambio, los estudiantes presentaron grabaciones de sus presentaciones, que todos vieron después del hecho, y eso no es exactamente lo mismo que una presentación en vivo. Con Zoom, las presentaciones en vivo son muy fáciles para profesores y estudiantes por igual.

Otra posibilidad es para una clase que requiera algún tipo de charla en público. Los estudiantes pueden dar discursos persuasivos en una clase de discurso o clase de historia, participar en un debate en una clase de ciencias políticas o dar una lección de micro-enseñanza en un curso de educación.

En estas tres tareas, los estudiantes necesitan mejorar sus habilidades en un entorno en vivo. ¿Puedes dar un discurso a una audiencia en vivo, no sólo grabar uno donde sabes que puedes detenerte y comenzar de nuevo si hablas mal? En un debate, ¿puedes pensar con claridad bajo estrés y responder con un argumento en contra de uno de los puntos de tu oponente? En micro-enseñanza, ¿puedes demostrar que puedes ajustar tu forma de enseñar a lo que se está desarrollando en vivo?

Si bien Zoom no tiene cuestionarios en un sentido tradicional, la función de encuestas es una buena manera para que los maestros determinen lo que los estudiantes saben.

En una clase de inglés como segundo idioma (ESL) donde la lección del día trata sobre la diferencia entre cuántos y cuánto, podrías comenzar la clase haciendo una encuesta donde los estudiantes elijan entre los dos ejercicios en contexto.

Encuesta 1: Podrías preguntar "How _____ people are in your family?"

Encuesta 2: Podrías preguntar "How _____ money do you have right now?"

Encuesta 3: Podrías preguntar "How _____ times do you usually eat salad in a week?"

Para cada encuesta, los estudiantes tienen 2 opciones: *many* o *much*. Después de que los alumnos hayan respondido a cada una, muestra la imagen a la clase para que puedan ver las respuestas. Este es un uso normal de la función de encuesta en Zoom, como se explica en la pregunta 4.9.

Después de la tercera pregunta, pregunta a los alumnos qué saben sobre el uso de cuántos ("how many") y cuánto ("how much"). En Zoom, puedes hacer que los estudiantes simplemente escriban sus respuestas en el cuadro de chat.

Esta es una buena técnica, pero los estudiantes pueden ver las respuestas de otros estudiantes y simplemente repetir una respuesta.

Creo que una posibilidad mucho mejor para exhibiciones visuales de preguntas abiertas es hacer que los estudiantes escriban sus respuestas usando Mentimeter cuando crees una sola pregunta utilizando "open ended."

http://www.mentimeter.com

Entonces se te dará un código numérico (generalmente de seis dígitos). Los estudiantes irán a

http://www.menti.com

Ingresarán el código y escribirán sus respuestas a tu pregunta abierta. Si bien los estudiantes no necesitan una cuenta, tu necesitarás una para crear preguntas.

Hay muchas formas diferentes de preguntas y posibles exposiciones. Cuando uso Mentimeter en mis lecciones en línea, generalmente selecciono abierto como tipo de pregunta y bocadillos para la pantalla.

Aquí hay una captura de pantalla que muestra las respuestas de 8 estudiantes a la pregunta:

¿Cuál crees que sea la diferencia entre HOW MANY y HOW MUCH?

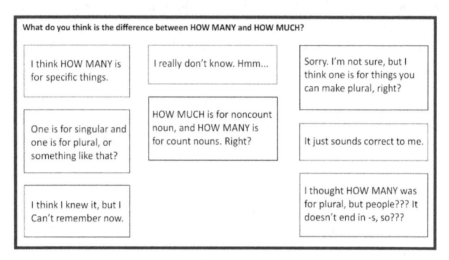

What do you think is the difference between HOW MANY and HOW MUCH?

I think HOW MANY is for specific things.

I really don't know. Hmm...

Sorry. I'm not sure, but I think one is for things you can make plural, right?

One is for singular and one is for plural, or something like that?

HOW MUCH is for noncount noun, and HOW MANY is for count nouns. Right?

It just sounds correct to me.

I think I knew it, but I Can't remember now.

I thought HOW MANY was for plural, but people??? It doesn't end in -s, so???

Ejemplo con Mentimeter

Las respuestas de los estudiantes generalmente están limitadas a 250 caracteres, que son aproximadamente de 40 a 50 palabras. Debido a que los estudiantes están escribiendo una respuesta original, les permitiría un poco más de tiempo para escribir las mismas.

Consulta también la pregunta 5.2 para obtener más ideas sobre el uso de encuestas para la evaluación.

5.2: ¿CÓMO PUEDO USAR UNA ENCUESTA ZOOM PARA EVALUAR LA COMPRENSIÓN?

UNA CARACTERÍSTICA interactiva *muy bonita* que Zoom ofrece para evaluar es una encuesta, pero no es posible calificar esto para estudiantes individuales. En cambio, una encuesta de Zoom se puede usar de manera más efectiva como un rompehielos, una verificación general de comprensión de la clase o una encuesta de las opiniones de los estudiantes, por nombrar algunas opciones. No es una función de prueba que te permita hacer 20 preguntas y obtener una puntuación.

Si bien algunos pueden ver una encuesta de Zoom como evaluación, yo la veo más útil como una gran herramienta para aumentar la participación e interacción de los estudiantes. Sabemos que es fácil para cualquiera desconectarse, con el profesor hablando y los estudiantes simplemente mirando las pantallas de sus computadoras. Una encuesta de Zoom hace que los estudiantes hagan algo. Puede hacer que la clase sea más activa.

Crear una encuesta de Zoom no es complicado. Recomiendo crear tus encuestas antes de la clase para que estén listas para ser lanzadas cuando sea necesario.

Para conocer los pasos completos para crear una encuesta de Zoom, consulta la pregunta 4.9.

Una técnica que aprendí hace años para aumentar la participación e interés de los alumnos en una pregunta de un profesor es hacer que los alumnos predigan una respuesta antes de comenzar la tarea. En este caso, les pediré a mis alumnos que predigan qué tan bien (como toda una clase) conocen las respuestas antes de pedir la respuesta.

Por ejemplo, si están estudiando las ciudades capitales de los países, puedes hacer que los estudiantes predigan qué porcentaje de la clase conoce la capital de un país determinado. En una simple encuesta centrada el profesor , preguntaría: "¿Cuál es la capital de Honduras?" y brindaría las opciones de Guayaquil, Managua, Salvador, San José y Tegucigalpa.

Esta encuesta a toda la clase me dirá cuántos estudiantes saben la respuesta correcta, pero si quisiera hacer que esto sea más atractivo, preguntaría: "Antes de hacer esta actividad hoy, quiero que me envíen un correo electrónico ahora mismo con su respuesta a esta pregunta: "Nuestra clase tiene 22 estudiantes. ¿Cuántos estudiantes conocen la capital de Honduras? ¿Cuál es tu predicción?"

En la clase del día siguiente, anunciaría el ganador de esta competencia de adivinanzas.

Hacer que los estudiantes predigan cómo responderán sus compañeros de clase antes de que realmente respondan es una buena técnica para aumentar el interés de los estudiantes.

5.3: ¿CÓMO REGISTRO VALORACIÓNES DE LOS EXÁMENES Y TAREAS DE LOS ESTUDIANTES?

DESAFORTUNADAMENTE, Zoom no tiene una función de folio de calificaciones donde puedas registrarlas. En su lugar, querrás registrar calificaciones en su sistema de gestión de cursos, como Canvas o Blackboard. En mi universidad, utilizamos Canvas, y tiene una función de libro de calificaciones muy detallada en la cual puedes ponderar las tareas de manera diferente, eliminar un cierto número de las calificaciones más bajas de un estudiante o incluso curvar las calificaciones para una tarea o examen.

Alternativamente, hay libros de calificaciones electrónicos disponibles, y puedes buscar en Internet un libro de calificaciones con el que te sientas cómodo. En ciertos programas, también necesitarás libretas de calificaciones que sean seguras para los problemas de privacidad de los estudiantes.

Si ninguna de estas opciones está disponible o es atractiva, por supuesto, puedes registrar calificaciones usando un método de papel tradicional.

PARTE 6

CUESTIONES DE PRIVACIDAD Y SEGURIDAD

6.1: ¿CÓMO PUEDO MAXIMIZAR LA SEGURIDAD DE MIS CLASES EN ZOOM?

CUANDO MILES de docentes y millones de estudiantes migraron repentinamente a Zoom a principios de 2020, uno de los primeros problemas que dominó cualquier discusión sobre Zoom fue su seguridad. ¿Mis clases están seguras de los extraños?

Una de las formas más fáciles de aumentar la seguridad de cualquier clase de Zoom es solicitar una contraseña. Cuando crees tu reunión de Zoom, selecciona la opción que genera una contraseña. (Consulta la pregunta 3.5 para obtener más información sobre cómo configurar una clase y una sala de espera.)

Otra opción es no permitir que los estudiantes entren en la reunión de Zoom antes de que tú estés allí. Nuevamente, esta es una de las opciones cuando configuras una clase.

Un punto muy importante para una buena seguridad es nunca publicar ningún enlace sobre una reunión de Zoom en las redes sociales. Si tu clase tiene un área pública, como en Facebook o en la página de una escuela, NUNCA publiques "Aquí está el enlace a la próxima clase TSL 3346 del Dr. Folse que se reunirá el 10 de

mayo de 2:00-3:15 pm: https://zoom.us/zz/9585120966215"
porque gente desconocida podría entrar fácilmente a tu aula.

También puedes solicitar a tus alumnos que se registren para su
clase de Zoom, lo que hacen sólo una vez. Este registro también te
permite realizar un mejor seguimiento de los informes, como la
asistencia.

Si habilitas la sala de espera, puedes ver quién está esperando para
ingresar a tu reunión de la clase Zoom y aprobar (o denegar) la
entrada para cada estudiante. Una advertencia aquí es que tus estudiantes no deben cambiar sus nombres porque no sabrás quiénes
son cuando intenten ingresar a tu clase.

Una de mis alumnas me tomó por sorpresa al cambiar el nombre a
"ucf", que es el nombre de nuestra universidad. No la reconocí,
por supuesto, así que en lugar de hacer clic en ADMITIR para
dejarla entrar en la habitación, seleccioné ELIMINAR. Aunque
trató de volver a entrar en la sala, se le negó automáticamente el
acceso a esta reunión porque ya la había bloqueado una vez.

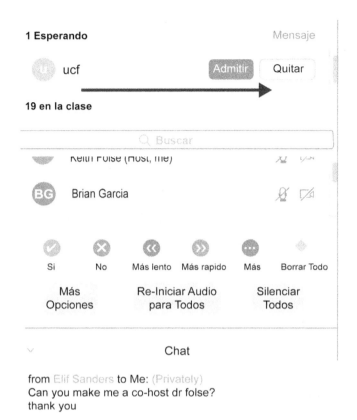

Eliminando a alguien de la sala de espera

Zoom brinda a los estudiantes la opción de renombrarse a sí mismos, pero puedes deshabilitar esta opción en tu reunión de clase haciendo clic en GESTIONAR PARTICIPANTES en la barra de opciones. Luego haz clic en MÁS y asegúrate de que no haya una marca de verificación junto a PERMITIR QUE LOS PARTICI-PANTES SE NOMBREN A SÍ MISMOS.

Aquí hay una explicación más detallada (en inglés):

https://uis.georgetown.edu/zoom/meeting-controls/participant-settings/#rename

¿Por qué los estudiantes se renombran a sí mismos? A veces quieren usar sólo su primer nombre, y a veces quieren usar un apodo. En clases más grandes, necesito que los estudiantes usen su nombre real tal como está en la lista para que pueda marcarlos presentes usando el nombre en el informde de la clase.

¿Qué pasa si alguien se acerca a tu reunión de clase? Zoom tiene una forma de eliminarlos del aula y luego bloquearlos para que nadie más pueda ingresar.

A pesar de lo mucho que hemos escuchado en las noticias sobre Zoombombing, no he tenido ningún problema, ni ninguno de mis colegas en mi escuela o en ninguno de los grupos de maestros de Facebook que visito. Encuesté a mis 60 estudiantes en mi último curso y me enteré que ninguno de ellos había experimentado ningún caso de Zoombombing.

El uso del sentido común y las características protectoras explicadas en esta pregunta definitivamente pueden ayudar a prevenir visitantes no deseados.

6.2: ¿CUÁLES SON ALGUNAS FORMAS DE SALVAGUARDAR LA PRIVACIDAD DE LOS ESTUDIANTES?

CUANDO LOS PROFESORES hablamos sobre cuestiones de privacidad de los estudiantes, generalmente nos referimos a sus números de identificación, sus nombres, sus direcciones y otra información personal. En Zoom, por supuesto, nos preocupa este tipo de información, pero también debemos proteger otros aspectos de la vida de nuestros estudiantes.

Cuando se ven obligados a encender sus cámaras para que podamos ver si realmente están presentes y participando en la clase, todos en la clase pueden ver ciertos aspectos sobre el espacio vital de la persona. ¿Es bonita su casa? ¿Está limpia? ¿Hay otras personas en el fondo? Para algunas personas, tener que mostrar el interior de donde viven es una invasión de la privacidad, y respeto el deseo de mis alumnos de no mostrar sus habitaciones. Sin embargo, a veces tengo que equilibrar esto con mi necesidad de verles la cara y cómo interactúan con el material que les enseñó ese día.

Para resolver esta situación, Zoom permite a los estudiantes usar un fondo virtual. Esta característica permite a los estudiantes usar la Torre Eiffel o una playa como fondo, eliminando así la necesidad de que permanezcan invisibles.

Sin embargo, algunos estudiantes se vuelven muy creativos con su elección, y algunos usan fondos que son inapropiados o que distraen al resto de la clase. Es posible que desees considerar el establecimiento de una política oficial sobre los fondos de distracción o inapropiados. (Véase también la pregunta 3.10.)

PARTE 7

COMENTARIOS DE ZOOM DE PARTE DE ESTUDIANTES, PADRES, Y PROFESORES

SOBRE ESTA SECCIÓN

EN ESTA PARTE, he incluido comentarios de tres grupos importantes de personas:

- Estudiantes que han tenido clases a través de Zoom
- Padres de esos estudiantes
- Profesores que han usado Zoom en sus clases

Es importante que los profesores escuchen los comentarios de los estudiantes porque ellos son los verdaderos receptores de las clases de Zoom. Aunque los profesores pueden planificar una actividad y creer que es efectiva, los estudiantes pueden tener sugerencias que podrían ayudar a mejorar la forma de desenvolvimiento de las actividades. Sólo los estudiantes saben lo que es ser un estudiante en una clase. Estos comentarios provienen de estudiantes de secundaria a la universidad.

Los padres de los estudiantes que usan Zoom también pueden ofrecer comentarios útiles sobre el mismo. Disfruté escuchar directamente de los padres sobre qué pensaban que sus hijos estaban haciendo con Zoom. Mientras que algunos padres estaban preocupados de que sus hijos pasaran tantas horas frente a la pantalla de una computadora, otros padres notaron cómo sus hijos realmente estaban mejorando en su nuevo entorno de aprendizaje sin tantas distracciones.

Los profesores vieron a Zoom desde una perspectiva diferente porque se enfocaron en brindar instrucción. Sus comentarios variaron mucho, algunos dijeron que Zoom era fácil de usar y otros no sabían sobre ciertas características que habrían facilitado su enseñanza. Los comentarios de los maestros vinieron de varios países, incluidos Estados Unidos, Colombia, Alemania, Japón, Laos, México y Corea del Sur.

La información en esta parte se presenta en tres preguntas diferentes, una para cada grupo. En lugar de componer esta información en párrafos, he enumerado los comentarios de todos por separado.

7.1: ¿QUÉ OPINAN LOS ESTUDIANTES/ALUMNOS ACERCA DE ZOOM?

REALMENTE ME GUSTA que puedo estar en el sofá durante toda la clase. No tengo que sentarme en un asiento duro todo ese tiempo durante todo el día.

~

Me gustó hacer presentaciones. Zoom te permite compartir tu pantalla, para que todos en la clase puedan ver tu presentación en línea.

~

La conexión social que Zoom brinda es buena. Necesitábamos esto.

~

Puedes hacer preguntas más fácilmente en una clase de Zoom. No sé por qué, pero me fue más fácil prestar atención a la pregunta y la respuesta del profesor en una clase.

Como la mayoría de la tecnología, Zoom tiene una serie de problemas técnicos. A veces la pantalla se congela, los micrófonos no se conectan y las voces pueden cortarse.

Como estudiante universitario, a veces voy de incógnito a tomar un sorbo de café, comer algo, ir al baño o sonarme la nariz, todo mientras escucho la clase. Espero que mi profesor no piense que me estoy burlando.

En dos de mis clases de escritura, a menudo nos ubicaban en salas de video para grupos pequeños específicas debido a las formas en que los profesores creaban las sesiones de revisión por pares. En Zoom, el proceso de trasladarnos a estas salas de grupos pequeños tomó segundos. En nuestras clases presenciales anteriores, esto a veces tomaba mucho tiempo.

En un curso, tuvimos un largo proyecto grupal, por lo que durante los últimos 15 minutos de cada clase de Zoom, estuvimos en salas de grupo pero en nuestros grupos específicos. Estar en una clase de Zoom puede ser agotador, así que me gustó saber que la clase terminaría con este tipo de interacción.

El zoom es nuevo para mí al igual que sus salas de receso. Desearía que todos nuestros profesores nos pusieran en dichas salas.

Dos de mis profesores entraron y salieron de diferentes salas de grupo para revisar individualmente a cada uno escuchando y haciendo preguntas o dando consejos y luego pasaron a la siguiente sala. Me gusta este sistema. Además, si teníamos una pregunta, sabíamos que el profesor eventualmente vendría a nuestra sala.

Escuché de mis amigos sobre encuestas, pero ninguno de mis profesores las usó. Creo que sería divertido tener encuestas durante las clases de Zoom.

En nuestra escuela, la verdad es que no tenemos una clase completa con Zoom. El profesor repasa las tareas que tenemos que hacer, y luego, si entendemos todo, nos podemos retirar, y si no entendemos, el maestro tiene horario de oficina.

Me gusta la idea de las horas de oficina donde puedo hacerle una pregunta a mi profesor sin que todos los demás estudiantes allí. No recibí este tipo de atención antes de Zoom.

No puedo ver a mis amigos, así que me siento aislado. Zoom me hace sentir un poco mejor sobre la situación porque al menos puedo ver a todos, y a veces el profesor nos pone en salas de receso.

Una cosa que no me gusta es que mis profesores no usan salas de receso. Desearía que usaran salas de receso. Desearía hablar con alguien ahora.

～

Me gusta poder apagar mi pantalla y no ser visto porque significa que no tengo que sonreír y parecer interesado durante 45 minutos consecutivos.

～

Me gusta cuando los profesores hacen múltiples encuestas en clase.

～

No me gustan las clases obligatorias de Zoom.

～

No me gusta cuando el profesor llama a un estudiante y dicha persona ya no está allí.

～

Deseo que el profesor les diga a los estudiantes que no salgan de la sala de reuniones hasta cierto punto. A veces una persona decide que el grupo tiene la respuesta correcta y se va para volver a la reunión principal, pero el resto de nosotros todavía estamos tratando de trabajar en la respuesta.

~

Me gusta cuando el profesor quita puntos por participación si un estudiante no está allí cuando se le solicita.

~

Me gusta la función de temporizador cuando estamos en salas de descanso.

~

Algunos de mis profesores usan salas de grupos pequeños, pero los mejores profesores nos dicen exactamente quién hará qué. Por ejemplo, una persona es el líder, la otra es la grabadora y la otra es el reportero que hablará con toda la clase cuando regresemos a nuestra clase.

~

La pizarra es una buena opción. El profesor escribió en ella y luego pudo guardarlo y enviárnoslo. Esto fue realmente útil para estudiar.

~

El inglés no es mi primer idioma, así que aprecié tener una grabación de la clase con el PowerPoint que podía ver y luego detenerlo cada vez que no entendía algo. También me gusta cuando el profesor nos envía una copia de la pizarra. Esto ayuda a mejorar mis notas de clase. Para mí, esta situación es mejor en Zoom que en nuestras clases anteriores presenciales.

~

Me gusta que Zoom sea muy fácil de usar. Incluso para los maestros que han tenido problemas con la tecnología en el pasado, Zoom es una opción fácil para ellos y para mis compañeros de clase.

～

Me parece que Zoom nos ha permitido continuar con nuestras actividades normales de clase sin mucha interferencia.

～

A veces puede ser difícil captar la atención del profesor cuando lo necesitamos, lo que ha planteado algunos desafíos. Sería bueno que cada maestro decida una forma específica para nosotros para indicarnos que tenemos una pregunta o necesitamos ayuda en ese momento.

～

Mi profesor de historia probablemente usó Zoom porque no está muy lejos de lo que hicimos en la clase anterior. Siempre hemos trabajado con herramientas de aprendizaje en línea como Quizlet, Quizlet Live, Quizizz y Nearpod. Zoom no se siente demasiado extraño a lo que hicimos en clase.

～

Me gusta que Zoom sea interactivo y visual. Estamos cara a cara con el profesor. Podemos hacer preguntas y obtener respuestas de inmediato. Los profesores pueden mostrar imágenes en la pantalla para que todos puedan verlas al mismo tiempo. El profesor también puede marcar las imágenes y hacer comentarios o información en las mismas.

No hay nada difícil en Zoom. Es fácil. Sin embargo, a veces se vuelve un poco frustrante cuando los estudiantes hablan simultáneamente. Hablan unos de otros o del profesor, por lo que el maestro tiene que detener a todos y volver a poner las cosas en orden. Siento que podría atribuirse a las diferentes velocidades de Internet o WiFi.

A veces, mi maestro tiene dificultades para subir las imágenes y otras veces no puede hacerlo. Se molesta un poco, creo.

Sólo mis profesores de ciencias y matemáticas usan Zoom. No entiendo por qué las otras clases no lo usan.

Me gusta que Zoom sea muy fácil de usar para los estudiantes. Es fácil hacer preguntas y obtener respuestas en lugar de tener que enviar un correo electrónico al profesor y esperar una respuesta.

Zoom puede ser lento. A veces, con el retraso de conexión, me pierdo de cosas que otros han dicho.

El mayor problema que he tenido es que los códigos de reunión no funcionan todo el tiempo. En ese caso, no puedo entrar a la clase.

Zoom es bastante similar a estar en una clase presencial. No me gusta mi clase de Zoom con los mismos profesores que no me gustaban antes de COVID.

7.2: ¿QUÉ OPINAN LOS PADRES ACERCA DE ZOOM?

ALGUNOS ESTUDIANTES APRENDEN BIEN en línea, pero otros no. Tengo cuatro hijos, y todos son muy diferentes en la forma en que aprenden.

El profesor de mi hija cambia su fondo virtual a menudo. En más de una ocasión, ella dijo: "Adivina dónde estaba nuestro profesor hoy". No sé por qué esto atrajo tanto la atención de mi hija, pero lo hizo.

Las grabaciones de las clases fueron útiles porque me ayudaron a comprender mejor el material para poder ayudar a mi hijo.

Los profesores no deben preocuparse por los estudiantes que parecen desaparecer de la clase a veces. A veces, mi hijo sólo necesita un descanso en el baño o salir afuera por un minuto. Estar en una clase de Zoom durante mucho tiempo es muy agotador.

~

Me preocupa la salud de mis hijos, ya que están sentados mucho tiempo. Peor aún, se están enfocando mucho en sus computadoras.

~

Fue mucho más fácil hablar con el profesor en Zoom. Una noche después de un largo día de trabajo, era más fácil que conducir a la escuela. Reunirse con Zoom fue mucho más conveniente.

~

Nuestra hija está en la secundaria. Algunas de sus clases usan Zoom, y otras son clases más independientes (es decir, asíncronas). Apreciamos el hecho de que sus clases de Zoom realmente la obligan a hacer ciertas cosas en ciertos días. Ella tiene que mantenerse al día y participar. La rutina es especialmente útil.

~

Algunos profesores graban la clase para que los alumnos puedan verla más tarde. Cuando mi hijo y yo miramos el video para saber cuáles son las tareas, es muy frustrante cuando el video está vacío durante los primeros 15 minutos. Desearía que el profesor grabara sólo la clase real cuando esté listo para comenzar a enseñar.

~

Realmente me gusta cuando el profesor graba una clase para que mi hija pueda ver la lección más tarde. Tiene tres clases que concuerdan en Zoom al mismo tiempo, por lo que no puede asistir a todas. Estas grabaciones son geniales.

～

Leí sobre personas desconocidas que podían ingresar a las clases de Zoom, así que le pedí al maestro de mi hijo que se asegurara de que se necesitara una contraseña para cada reunión de clase. Esto es bueno, pero a veces mi hijo no podía entrar al aula a pesar de que tenía la contraseña correcta. Todavía no sabemos por qué sucedió esto algunas veces.

～

¿Podría el profesor ser más consistente de cómo la clase absorbe información? El profesor de mi hijo dijo que las tareas *siempre* estarían en Canvas (el sistema de gestión del curso). Sin embargo, una vez dió la tarea en un anuncio de Zoom, y mi hijo no la vio y obtuvo un 0. Esto parecía un truco. El profesor dijo que mi hijo debería haber estado en esa reunión de la clase de Zoom, pero él había dicho al principio que asistir a las reuniones de Zoom era opcional. Especialmente en una clase en línea, la consistencia es muy importante.

～

Los profesores deben ser más coherentes para ayudar a los alumnos más jóvenes.

～

Nuestra hija menor seguía delirando por la pizarra. Ella dijo que la profesora los dejaría turnarse para dibujar y luego compartirlo con el resto de la clase. Realmente no sé qué es la pizarra, pero a nuestra hija le encantó esta actividad.

Uno de los profesores de mis hijos les da a todos un descanso de cinco minutos después de los primeros 25 minutos. La clase dura 50 minutos. Tarda 25 minutos, luego un descanso y luego 20 minutos. Fue una decisión muy buena.

Casi todas las clases de mi hijo están usando Zoom. He oído de otros padres cuyas clases de niños no usan Zoom ni nada parecido, que sus hijos están luchando por mantenerse enfocados. No todos los niños pueden aprender de forma independiente, al menos no todavía, así que estoy muy contento de que mi hijo estuviera en clases donde Zoom permitió que los profesores enseñaran.

7.3: ¿QUÉ OPINAN LOS PROFESORES ACERCA DE ZOOM?

ME GUSTA ENSEÑAR CON ZOOM, pero realmente desearía tener más experiencia con él. Es difícil usar algo como Zoom con una clase en vivo cuando todavía es tan nuevo para mí. Supongo que sólo necesito practicar más.

Otro profesor me sugirió que incluyera un momento para levantarme y elongar, así que después de la introducción de la clase y la primera tarea, que generalmente era una breve lectura, detuve la clase, les dije a todos, que apagaran la cámara, se pusieran de pie y elongaran. Creo que los estudiantes apreciaron esta breve oportunidad de descanso y ejercicio. Sentarse frente a una computadora durante tanto tiempo es agotador.

Me gusta Zoom porque es funcional y confiable.

Una de las mejores actividades fue usar Zoom y Google Docs juntos. Creé un Google Doc en el que pudimos trabajar juntos y luego envié el enlace a todos en el área de chat del aula. Les doy a los estudiantes tiempo para trabajar en nuestro Google Doc colaborativo y luego compartí el documento final con todos en Zoom.

He experimentado algunos problemas técnicos con las actualizaciones de Zoom que cambian automáticamente mi configuración de seguridad.

Enseño a niños muy pequeños y me gusta mucho Zoom, pero mi mayor queja es que las voces no pueden superponerse. Esto es un problema cuando toco una canción para mis pequeñines y uno de ellos grita algo. Tan pronto como una persona grita, Zoom se enfoca en esa persona y nadie más puede escuchar mi canción. Podría silenciar a todos los niños, pero con jóvenes estudiantes, no sé si silenciar es una buena opción. Peor aún, no me doy cuenta cuándo me cortaron el audio de la clase.

Enseño a alumnos de segundo grado (7 años). Zoom ha sido realmente bueno para hacer experimentos científicos en vivo.

La responsabilidad de los estudiantes es más difícil para mí. Si no puedo verte, ¿cómo sé que realmente estás prestando atención o incluso si estás en la clase en ese momento?

~

Mi escuela nos anima a usar Microsoft Teams, pero sólo te permite ver a 4 personas a la vez. Me gusta cómo Zoom me permite ver a toda mi clase, incluso si hay 30 o más personas.

~

Cuando presento un PowerPoint, mis alumnos pueden ver mi cara. Algunos otros programas no permiten que los estudiantes vean el PPT y mi cara simultáneamente.

~

Zoom permite mucha interacción.

~

Me gusta tener la sala de espera para mayor seguridad de la clase.

~

Esto fue inesperado, pero realmente creo que a algunos estudiantes les está yendo mejor en este entorno en línea porque hay menos distracciones. Creo que esto es especialmente cierto para los niños con problemas de déficit de atención.

~

Uso la pizarra en colaboración, lo que significa que dejo que los estudiantes escriban en la pizarra conmigo. Mis alumnos parecen disfrutar esto. (Nota: muchos profesores que entrevisté para este libro me dijeron que usan la pizarra en colaboración. En particular, los maestros de los alumnos más jóvenes me dijeron que sus clases eran mucho más interactivas una vez que la pizarra se presentó a los estudiantes y se les permitió dibujar también.)

~

Desearía haber entrenado a mis alumnos para usar los botones de aplausos, pulsaciones y levantar la mano mucho antes.

~

Yo enseño en un jardín de infantes (kinder). Cuando leo un cuento a la clase con el libro de imágenes grandes, a veces le hago una pregunta de predicción a la clase como "¿Qué crees que va a pasar después?" o "¿Crees que el mono se va a comer el sándwich?" Los jóvenes estudiantes se emocionan mucho y varios estudiantes gritan sus respuestas. En Zoom, desafortunadamente, sólo una voz puede ser oída, por lo que se escuchará a una persona, pero las demás no tienen idea de que no se han sido escuchados.

~

En mi clase, generalmente tengo 2 ó 3 oradores invitados cada semestre, lo que implica mucha logística. Con Zoom, fue pan comido. Sólo tenía que asegurarme de que el orador supiera cómo usar Zoom, y luego le envié a esa persona el enlace para la clase. Encontré este proceso mucho más fácil con dicha plataforma.

~

Al principio, me preocupaba mucho Zoombombing y proteger la privacidad de mis alumnos, pero no he tenido ningún problema en absoluto. De hecho, ninguno de los profesores que conozco ha tenido problemas.

~

Creo que es muy importante asignar roles específicos para los estudiantes cuando los ponemos en salas de video para grupos pequeños. Asegúrate de que conozcan su función y el límite de tiempo antes de ir a sus aulas.

~

A veces, la forma más rápida de obtener comentarios es pedirle a tus estudiantes que hagan un pulgar hacia arriba en lugar de tratar de encontrar los botones de Zoom. Hay algo reconfortante en ver los rostros de mis alumnos y muchos de ellos sonríen y me dan el visto bueno a mi pregunta.

~

Si los estudiantes tienen problemas con la conectividad, pídeles que apaguen sus cámaras por ese día y sólo hagan audio. Esto me ha funcionado cuando varios estudiantes informan problemas.

~

Estoy seguro de que esto será mejor la próxima vez que enseñe con Zoom, pero inicialmente, tuve que ayudar a muchos estudiantes a descubrir cómo conectarse. Dado que escuchamos mucho acerca de cómo los jóvenes de hoy son tan buenos con tantos tipos de dispositivos y redes sociales, esto me pareció sorprendente.

Cuando visito las salas de trabajo para asegurarme de que los estudiantes estén en la actividad asignada y todo esté bien, descubrí que se callan tan pronto como se dan cuenta de que entro en la sala. ¡Encontré una solución, sin embargo! Ahora silencio mi video y audio antes de ingresar a una sala para que los estudiantes no me vean ni me escuchen, lo que me permite tener la oportunidad de observar lo que el grupo realmente está haciendo. No es infalible, pero parece darme al menos 4 o 5 segundos para verificar si en realidad trabajan en sus tareas o no.

Los estudiantes que trabajan en sus iPads o sus teléfonos tienen más dificultades que aquellos en una computadora portátil.

Prefiero enseñar con Zoom, pero mi escuela ha elegido Microsoft Teams. Con Teams, sólo puedo ver a cuatro personas a la vez, y eso no es lo suficientemente bueno para mí porque quiero ver a toda la clase o al menos a más de cuatro.

Con Zoom, los estudiantes pueden ver mi PPT y mi cara al mismo tiempo, por lo que no sólo están mirando un montón de diapositivas.

Creo que Zoom tiene más funciones que permiten la interacción, y eso es realmente importante en una configuración en línea.

En cuanto a la seguridad, no he tenido ningún problema con Zoom. Sólo uso la sala de espera y me aseguro de dejar que mis propios alumnos entren a nuestra clase.

Establecer encuestas fue un desafío para mí, pero a los estudiantes parece gustarles. Las encuestas hacen que la clase sea mucho más interactiva.

He encontrado que Zoom es realmente bueno para ayudar a nuestra clase a mantener el contacto entre ellos a pesar del hecho de que no podemos reunirnos.

Debemos recordar que no todos nuestros estudiantes tienen acceso a Internet, y algunos tendrán un acceso débil. Creo que los profesores deben estar listos para aceptar esto y ser pacientes con eso.

Enseñar en línea requiere mucho más tiempo para prepararse que una clase presencial. Esto no es una crítica de Zoom; es sólo un hecho.

Una cosa que me gusta es que puedo hacer una pregunta y decirle a todos que escriban su respuesta en el cuadro de chat. Es genial ver tantas respuestas a la vez. Esto ha sido especialmente útil cuando estamos haciendo actividades de lluvia de ideas.

Me parece más fácil hacer que los estudiantes trabajen en grupos con Zoom. Con un solo clic, puedo poner a mis 28 alumnos en grupos pequeños. Pueden ver un temporizador contando los minutos restantes, para que todos sepan cuánto tiempo les queda.

Enseño inglés como segundo idioma (ESL). La verdad me gusta usar las salas de videos para grupos pequeños en Zoom para que los estudiantes practiquen conversación. A veces los pongo en grupos de 3 ó 4, pero también los pongo en pares. Cuando entro en las salas para escuchar de qué hablan los estudiantes, hago un seguimiento de los errores que escucho. Reviso la lista y selecciono quizás cinco o seis que serán el foco de mi próxima lección de idioma. Comparto esta lista con mis alumnos, y realmente parecen apreciar este tipo de comentarios visuales.

PARTE 8

SOLUCIÓN DE PROBLEMAS COMUNES

8.1: ¿QUÉ DEBO HACER SI LOS ESTUDIANTES ME VEN, PERO YO NO PUEDO VERLOS?

SI LOS ESTUDIANTES PUEDEN VERTE, es porque hiciste clic en INICIAR VIDEO y tu imagen ahora está en vivo. Si no hubieras hecho esto, no serías visible y habría una línea roja en START VIDEO. No hago clic en INICIAR VIDEO hasta que sepa que estoy 100% listo para ser visto y tomar el control de la clase.

Si no puedes ver a los estudiantes, es porque no tienen su video encendido, lo que puede sonar como un problema, pero de hecho puede no serlo. Sí, algunos profesores insisten en ver las caras de sus alumnos en vivo durante la clase, pero otros no. Es importante recordar que no todos los estudiantes quieren usar el video, y puede que haya una razón válida para esto. Los maestros deben recordar que no todos los estudiantes quieren que todos vean su espacio vital por todo tipo de razones. De hecho, exigir que los estudiantes muestren su área de vivienda a sus compañeros de clase puede ser una violación de la privacidad estudiantil.

8.2: ¿QUÉ DEBO HACER SI LOS ESTUDIANTES ME OYEN, PERO YO NO PUEDO OÍRLOS?

SI LOS ESTUDIANTES PUEDEN ESCUCHARTE, es porque tu micrófono no ha sido silenciado. Cuando entro en la clase, prefiero que mi audio (y visual) estén apagados. No hago clic en UNMUTE hasta que sepa que estoy 100% listo para ser escuchado.

Si no puedes escuchar a los estudiantes, es porque sus micrófonos Zoom están silenciados, lo que puede parecer negativo, pero de hecho puede ser deseable. Al ingresar a un aula virtual, un estudiante puede estar en un lugar donde un bebé está llorando, la televisión está encendida o sus compañeros están hablando. Ahora multiplica eso por 25 estudiantes, y podrás imaginar el posible problema de ruido. La mayoría de los estudiantes no se dan cuenta de que sus micrófonos están encendidos, por lo que en las primeras reuniones de clase, es posible que debas explicar repetidamente cómo y por qué deberían silenciarse.

Este problema de ruido también es la razón por la que debes configurar tu clase para que el audio de los estudiantes se silencie al ingresar a la clase. Además, el profesor siempre tiene la capacidad de silenciar a todos. Esto puede ser importante cuando deseas hablar con la clase sin preguntas ni interrupciones. Encontrarás estas opciones de control en el área de la lista de participantes. (Véase también la pregunta 3.5.)

8.3: ¿QUÉ DEBO HACER SI LOS ESTUDIANTES NO PUEDEN OÍRME?

EN MI PRIMER día de impartir mis clases con Zoom, me ocurrió este problema. Aunque no era nuevo usando la plataforma, sólo para asegurarme de que la primera clase saldría bien, probé esta reunión no con uno sino con dos colegas. Sabía que esta primera clase estaba lista. Sin embargo, después de haber dejado que todos los estudiantes de mi clase el primer día que nuestra universidad comenzaran a usar Zoom, nadie podía escucharme.

Podía escuchar a los estudiantes, y podía ver los comentarios que estaban escribiendo furiosamente en el cuadro de chat. "Dr. Folse, encienda su micrófono." "Dr. Folse, mutéese Usted mismo." Luego vi en el cuadro de chat: "No puede trabajar el sonido". ¡Este no fue el comienzo auspicioso para TSL 3346 a través de Zoom que esperaba!

Siendo el tipo de maestro que siempre ha pensado en un Plan B con mucha antelación, escribí en el cuadro de chat: "Reiniciaré esta computadora e iniciaré sesión con mi computadora portátil en el comedor". Fui al comedor y pude continuar la clase usando mi computadora portátil. Nuevamente, debido a que tiendo a prepararme en exceso, ya había descargado el PPT del día en la computadora portátil, así que estaba listo para enseñar casi de inmediato una vez que me hubiese registrado en la clase Zoom desde mi computadora portátil.

No queriendo perder ningún momento de enseñanza, tuvimos una breve discusión sobre lo que había sucedido, y traté de salvar el día explicando algunos de mis preparativos, incluyendo siempre tener un Plan B (y tal vez C y D) listo para cada clase.

Esta fue una discusión importante porque la clase era para preparar a los futuros profesores, y acababan de presenciar un evento en el aula muy real (es decir, un problema de tecnología) y una posible reacción de los profesores.

Terminé la clase unos minutos antes para poder comprobar en mi computadora de escritorio la clase siguiente, que comenzaba inmediatamente después de la actual. Sorprendentemente, después del reinicio, el audio de mi escritorio en Zoom funcionaba bien y pude enseñar a la segunda clase sin ningún problema de audio.

Desde entonces he hablado con muchos maestros y mucha gente de tecnología que me han dicho que cuando encuentran un problema con Zoom, su primera respuesta es reiniciar, y esto a menudo resuelve el problema.

Mi segunda sugerencia aquí es una que me ha sucedido. Verifica el nivel de volumen de su computadora. A veces, otros miembros de la familia usan mi escritorio y cambian los niveles de volumen. En más de una ocasión, la gente no ha podido escucharme simplemente porque mi volumen estaba muy bajo. Siempre verifica tu volumen, incluso antes de reiniciar (porque reiniciar toma mucho tiempo). Para ayudarme a recordar esto, he puesto una nota Post-it justo encima del volumen para recordarme.

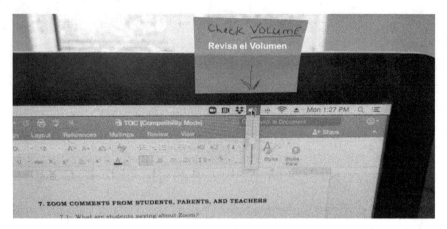

Una nota para recordarme verificar el volumen

Una tercera cosa para verificar es qué selección de sonido tiene tu computadora configurada, sonido interno o externo. Si lo tienes configurado como interno, entonces deberías estar hablando por tu auricular. Si lo tienes configurado como externo, es probable que tus alumnos puedan escucharte, pero no es necesario que uses el auricular (consulta la pregunta 3.4).

8.4: ¿QUÉ PUEDO HACER SI LOS ESTUDIANTES NO PUEDEN VERME?

POR UNA AMPLIA variedad de razones, a veces los estudiantes no pueden verte. Puedes verlos, y tanto tú como los estudiantes pueden escucharse mutuamente. El único problema es que los estudiantes no pueden verte.

Cuando esto me sucede, lo primero que hago es asegurarme rápidamente de que mi cámara web no esté bloqueada. Como algunos de ustedes, cubro mi cámara web con un pequeño trozo de papel o masilla para que nadie pueda verme mientras estoy en mi oficina. Por lo tanto, la primera sugerencia aquí es verificar que la cámara web no esté simplemente cubierta. (Numerosas fuentes coinciden en que cubrir la cámara es útil para evitar que un pirata informático pueda ver lo que ve tu cámara).

Otro posible problema es que tu computadora por cualquier razón no reconozca tu cámara web. Cuando busqué en línea por posibles razones para esto, rápidamente me di cuenta de que las respuestas estaban más allá de mi experiencia tecnológica. En este caso, consulté a la oficina de tecnología de mi escuela o a un colega que sabe más sobre computadoras, y te aconsejo que hagas lo mismo.

La primera vez que mi cámara no se conectó con Zoom, un estudiante me recomendó reiniciar. Esta sugerencia parecía ridículamente de baja tecnología, pero funcionó. Cuando más tarde revisé en línea para ver qué otras soluciones tenían para mí las personas más conocedoras de la tecnología, la respuesta número uno fue reiniciar.

Si se trata de no verte bien porque estás demasiado oscuro o demasiado claro, entonces es posible que debas ajustar la iluminación de la habitación donde estás usando Zoom. (Ver pregunta 3.3.)

8.5: ¿QUÉ DEBO HACER PARA AYUDARME A RECORDAR MIRAR A LA CÁMARA, NO A LAS CARAS DE LOS ESTUDIANTES, CUANDO ESTOY ENSEÑANDO?

COMO TODAS LAS herramientas de enseñanza en línea, Zoom no es lo mismo que estar con tus estudiantes en persona y puede parecer algo distante. Necesitas conectarte con ellos de la mejor forma posible. Una manera de lograr esto es hacer un buen contacto visual con tu audiencia.

En un ambiente presencial, puedes mirar a los ojos de tus alumnos cuando estás enseñando. La mejor manera de simular esto en Zoom es mirar directamente a tu cámara web. Sé que es tentador mirar las caras de tus alumnos en la pantalla de Zoom cuando hablas con ellos, pero esta no es la técnica correcta para Zoom. Debes aprender a hablar con la lente de una cámara.

Para ayudarme a recordar dónde mirar en todo momento, en realidad tengo un pequeño trozo de papel con una flecha gruesa y muy visible que apunta directamente a la lente de la cámara web donde debería dirigir mis ojos. Para mí, esto es muy útil.

Habla a la cámara!

¿Qué ven realmente tus alumnos cuando estás enseñando con Zoom? Hay una manera fácil de ver cómo se ve cuando estás enseñando. Zoom te da la opción de grabar tu clase, así que graba tu clase y mírala más tarde. Presta atención en donde está tu mirada. Cuando el orador parece estar mirando hacia abajo en lugar de a la cámara, distrae a la audiencia.

PARTE 9

APRENDIENDO MÁS

FUENTES ADICIONALES

NINGÚN RECURSO PUEDE RESPONDER a cada pregunta o anticipar cada situación, y este libro no pretende ser una guía exhaustiva. Además, Zoom actualiza ciertas funciones, que pueden requerir directrices diferentes a las que he explicado en este libro.

Cuando trato de usar Zoom para enseñar la mejor clase posible, veo que tengo más preguntas. Aquí hay algunas sugerencias que he usado para aprender más sobre Zoom para mis clases:

1. GOOGLING SELECTIVO

En primer lugar, enumero a Google y el Internet en general porque es lo más obvio. Por ejemplo, si deseas saber cómo crear encuestas en Zoom, busca "crear encuestas en Zoom". Acabo de hacer esto en Google y encontré 18,900,000 sitios. Puede ser abrumador, y por esa razón, generalmente me limito a los primeros 10 sitios web antes de intentar mi segunda sugerencia.

Muy importante, siempre busco información de un profesor, no de la corporación Zoom o de una persona de tecnología. Es verdad que muchos profesionales de la tecnología han producido videos instructivos sobre Zoom, pero no quiero escuchar términos como "configuraciones de hardware" o "CPU" o "cliente / servidor". He apagado tantos videos que eran demasiado técnicos para lo que necesitaba saber.

2. YOUTUBE

Después de Google, iría a YouTube y buscaría con la misma frase "crear encuestas en Zoom". Para este mismo ejemplo, acabo de encontrar cientos de videos aquí. Desplázate por los títulos y las descripciones para encontrar los que crees que podrían ser útiles. En la búsqueda de hoy, los videos después de los primeros 30 más o menos comenzaron a desviarse del foco de mi búsqueda, ya que obtenía encuestas en otros tipos de programas.

Nuevamente, trata de encontrar un video de maestros que hayan usado Zoom en sus propias aulas. Es mucho más probable que esos videos tengan información comprensible para los maestros.

3. MESA DE APOYO TECNOLÓGICO EN TU ESCUELA

Consulta con el soporte técnico de tu escuela. Mi universidad tiene una increíble oficina de soporte técnico, y hay personas que conocen Zoom y programas similares.

Desafortunadamente, no recomiendo contactar a Zoom directamente para cualquier tipo de soporte. Debido a la demanda sin precedentes de Zoom ahora, otros maestros y yo hemos podido obtener una respuesta oportuna.

4. GRUPOS DE FACEBOOK

Por lejos, uno de mis mejores recursos para obtener ayuda ha sido Facebook. Hay muchos grupos destacados de Facebook para diferentes aspectos de la enseñanza, incluida la enseñanza en línea y la enseñanza con Zoom. Busqué "enseñar con Zoom" y encontré una docena de grupos. La mayoría de estos grupos son privados, por lo que tendrás que solicitar unirte.

Actualmente soy miembro de 4 grupos donde frecuentemente voy a publicar una pregunta como "¿Cómo controlas la asistencia a tu clase?" (Hice esta última pregunta porque quería saber si la forma en que estaba chequeando la asistencia era la única forma de hacerlo. Como resultado, aprendí una forma mucho más precisa y mucho menos lenta de verificar la asistencia).

Mi grupo favorito en Facebook es *Teaching synchronously online using Zoom in Korea*:

https://www.facebook.com/groups/234246647740909/

Este grupo, dirigido por Eric Reynolds, está compuesto por profesores que ahora enseñan con Zoom en Corea del Sur. Me gusta mucho este grupo porque los miembros son amigables y responden preguntas de una manera que puedo entender. Esta comunicación fácil puede ser porque son profesores y yo también. También me gusta este grupo porque en su mayoría son profesores de inglés (ESL) y trabajo con inglés. Finalmente, enseño principalmente cursos universitarios de pregrado, y muchos de los maestros en este grupo también enseñan cursos universitarios de pregrado.

Recomiendo buscar en Facebook un grupo que sea similar a la asignatura y a los estudiantes que enseñas.

5. OTROS PROFESORES

No estoy enseñando solo en una burbuja, así que trato de preguntar a otros colegas, especialmente a aquellos que enseñan una materia similar. Por ejemplo, enseño clases de lingüística en una universidad, por lo que primero consultaría a otros profesores en mi propio departamento.

Si no encuentro la información que necesito, podría contactar a otro profesor que dicte un curso similar. Si eres un profesor de la secundaria, habla con otro profesor en tu propia escuela secundaria. Si necesitas ayuda adicional, habla con los maestros en una situación paralela en otra escuela secundaria.

Creo firmemente en no perder el tiempo en cosas inútiles, así que antes de invertir mucho tiempo y energía en una nueva característica de Zoom (o cualquier otra tecnología), prefiero contactar primero con algunos otros maestros para ver qué han hecho con respecto a lo que concierne a mi pregunta.

6. ZOOM

Por supuesto, siempre puedes preguntar a los expertos de Zoom visitando su excelente sitio web, que tiene una amplia información sobre una increíble variedad de temas. Hasta ahora, mi único problema con el sitio web oficial de Zoom en los EE. UU. es que se ha escrito claramente con un entorno empresarial en mente, no un aula real.

Sin embargo, me complace informar que las cosas han cambiado recientemente y que ahora hay muchos más comentarios "para el profesor" en el sitio web oficial de Zoom (zoom.us). Aun así, estos nuevos videos no son lo suficientemente amigables para los maestros.

7. TUS ESTUDIANTES

¡No te olvides de tus alumnos! Es posible que algunos de tus alumnos hayan usado Zoom en otra clase y tengan opiniones definitivas sobre las cosas que les gustan y las que no les gustan. La mayoría de los profesores tienen una experiencia limitada como estudiantes en una clase en línea, por lo que es difícil para nosotros saber qué parece correcto y qué no parece tan bueno en nuestros propios cursos en línea que estemos dictando. Siempre aprecio los comentarios y opiniones de mis alumnos, y espero que tú también lo hagas.

LECTURA ADICIONAL

NOTA: Todos los enlaces fueron en vivo a partir de Septiembre 2020.

Cómo Usar Zoom para Dar Clases Virtuales
https://www.youtube.com/watch?v=bfrpUAspBAI

∾

Zoom para la Educación
https://zoom.us/es-es/education.html

∾

Cómo usar Zoom para Dar Clases Virtuales – Paso a Paso
https://miracomosehace.com/usar-zoom-dar-clases-virtuales/

∾

Guía Completa para Educar a Través de Zoom
https://www.ufm.edu/Covid19/wp-content/uploads/2020/04/Gu%C3%ADa-Zoom.pdf

~

Cómo Dar Clases Virtuales Usando Zoom – Funciones Principales
https://www.youtube.com/watch?v=cQhPq-RmRt4

~

Guía para Padres sobre Zoom
https://www.commonsensemedia.org/espanol/blog/guia-para-padres-sobre-zoom

AGRADECIMIENTO

Ningún libro ocurre de la nada. Me gustaría agradecer a quienes ayudaron a hacer realidad este libro. Gracias a mi editora, Dorothy Zemach, quien primero planteó la idea de que debería escribir un libro sobre lo que había aprendido mientras tenía que usar Zoom en los últimos meses.

Un agradecimiento especial a los lectores de los primeros borradores del manuscrito que ofrecieron sus excelentes ideas para mejorar este libro: Kim Hardman, Elif Saribas y Glen White. También agradezco especialmente a Jammy Javier Díaz por su trabajo en la producción de la versión en español de este libro.

Al escribir este libro, consulté con muchas personas diferentes, algunas cara a cara y otras solo virtualmente. Quiero agradecer a los 63 estudiantes de mi curso universitario de enseñanza internacional de inglés en la Universidad de Florida Central para el semestre de primavera de 2020 que formaron parte de mi experiencia docente con Zoom. Aprendí mucho a través del ensayo y error con ustedes, y agradezco su paciencia y sus comentarios sobre lo que les gustó y lo que no les gustó como estudiantes en un curso con Zoom.

Estoy en deuda con los grupos virtuales para profesores que usan Zoom a los que me uní, especialmente Enseñar en Línea Sincrónicamente Usando Zoom en Corea, dirigido por Eric Reynolds:

https://www.facebook.com/groups/234246647740909/

También quiero agradecer a los estudiantes, padres y profesores que gentilmente compartieron aspectos de sus historias relacionadas con Zoom, tanto a quienes presentaron comentarios anónimos como a los que entrevisté: Meghan Absher, WS Riann Arkinstall, Jodi Guidry Chadwick, Suzanne Currier, Olivia García, Kim Hardiman, Jeanne Huber, Kira Huber, Christian Koslowski, Tracy Case Koslowski, Lonnie Kujawa, Kelly Kunks, Kathy Lobo, Julia Mitchell, Jane Moyer, Sarah Moyer, Jill Naquin, Hilal Peker, Ema Purmensky, Kerry Purmensky, Eric Reynolds, Lauren Romm, Ellie Skingley, Elif Sarabas, Nicole Stauffer, Bryan Stoakley y Glen White.

Finalmente, quiero agradecerle al traductor principal de este libro, Javier Diaz Revilla. Fue un gran placer trabajar con él en este proyecto. También les agradezco a las siguientes personas que me han ayudado con esta traducción: Mauricio Arango, Anibal Ricardo Zalazar y Francisco Fernandez-Rubiera. Quiero agradecer especialmente a nuestros dos correctores, Gustavo González y Josefina Gil Costa, por su habilidad y atención al detalle.

www.ingramcontent.com/pod-product-compliance
Lightning Source LLC
LaVergne TN
LVHW022317060326
832902LV00020B/3511

* 9 7 8 1 9 3 8 7 5 7 8 5 3 *